SYSTÈME FRANÇOIS [illegible]

NOUVELLE MÉTHODE

Par laquelle chacun pourra mettre

L'ORTHOGRAPHE

ET APPLIQUER LES

PRINCIPALES RÈGLES DU FRANÇAIS

EN QUELQUES SEMAINES SEULEMENT

Prix : [illegible]

PARIS
MOREAU, LIBRAIRE
PALAIS-ROYAL, PÉRISTYLE VALOIS, [illegible]
1856

SYSTÈME FRANÇOIS CASTAUD

NOUVELLE MÉTHODE

Par laquelle chacun pourra mettre

L'ORTHOGRAPHE

ET APPLIQUER LES

PRINCIPALES RÈGLES DU FRANÇAIS

EN QUELQUES SEMAINES SEULEMENT

PARIS
MOREAU, LIBRAIRE
PALAIS-ROYAL, PÉRISTYLE VALOIS, 182, 183

1856

Tout Exemplaire non revêtu de la signature de l'Auteur sera réputé contrefait et poursuivi selon la rigueur des lois.

Paris. — Imprimerie de Gustave GRATIOT, rue Mazarine, 30.

PRÉFACE.

Si l'on considère attentivement les difficultés des langues des divers peuples, on est tenté de croire que toutes les races humaines qui se sont succédé ont fait un pacte compliqué par une multitude de règles et d'exceptions qui les rendent comme un labyrinthe destiné plutôt à fatiguer et à rebuter les hommes qu'à leur inspirer l'amour de l'étude par laquelle devaient se développer leurs facultés morales et intellectuelles, au moyen de principes simples, clairs, faciles et accessibles à tous les esprits. Et dire que ce fatal concours, si funeste à l'humanité, date de l'origine du monde ; que les fondateurs de ce galimatias, n'ayant eu ni prédécesseurs ni contemporains qui leur eussent transmis un langage plus ou moins vague pour répandre les émotions que leur inspirait la nature, sont justifiés par les besoins de leur époque.

Ensuite sont venues ces nombreuses familles errantes converties en tribus, en corporations qui ont végété sur toute la surface de la terre, créant des idiomes confus avec lesquels cependant ils appelèrent les choses les plus indispensables.

De cela est résulté que les premières créatures dispersées dans toutes les contrées du monde, soumises aux influences des variétés de climats et de températures, ne pouvant avoir ni les mêmes sensations ni le même jugement, n'ayant aucune communication verbale ni par écrit, ont donné arbitrairement aux mêmes objets des dénominations diamétralement opposées.

Telle a été probablement l'origine de la grande confusion des langues.

Enfin, de ces différentes peuplades sont sorties les grandes nations et avec elles ont paru les arts et les sciences. La Grèce, au premier rang, domina bientôt sur la plupart de ces peuples disséminés, et leur imposa son langage et ses lois.

On peut donc faire remonter à cette époque l'invention des langues écrites et raisonnées.

Mais la Grèce, quoique puissante et vaste, formée elle-même des éléments de divers peuples qui n'avaient ni les mêmes mœurs ni le même langage, sous l'apparence de principes organiques n'édifia qu'une immense tour de Babel, en faisant une prodigieuse confusion de règles qui, quoique contradictoires et absurdes, imposées par la force et consacrées par les usages et les préjugés, ne servirent pas moins de base à tous les pouvoirs qui vinrent après.

Aux Grecs succédèrent les Romains; également conquérants, ils suivirent leur exemple et qualifièrent de Vandales et de Sauvages toutes les peuplades habitant au delà du Tibre, comme les Grecs avaient qualifié toutes celles qui ne s'étaient pas trouvées sous leur domination.

C'est dans ce double labyrinthe que la langue française forma ses profondes et vastes racines, au milieu de nations ne différant pas seulement de langage, mais ayant chacune une langue récente sortie d'éléments confus, soumise au caprice des modifications et des réformes se multipliant autant que les révolutions d'Athènes et de Sparte, ainsi que de Rome, révolutions rendues plus fréquentes encore par la réaction des factions rivales qui se succèdent au pouvoir, cherchent toujours à faire prévaloir leurs écoles, c'est-à-dire leurs règles, leur langue! Ceci eut pour conséquence inévitable (conséquence confirmée par le fait), qu'un Français, après douze ou treize années d'études des langues grecque et latine, est généralement incapable de se faire entendre dans les villes où se parlent ces deux langues. Mais pour expliquer un aussi pitoyable résultat, on dit que ces langues sont mortes; qu'elles ne sont plus étudiées que pour les étymologies; et on n'ajoute point que les expressions ne découlant pas de la langue-mère sont aussi difficiles à retenir que faciles à oublier. Pourquoi, alors, ne pas traduire en français tels mots qui servent de racines à notre langue et éviter les synonymes, les souches, les origines, les étymologies, etc.? Toutes ces expressions fondamentales, qui signifient la même chose, ne servent qu'à fatiguer l'esprit et embarrasser l'imagination.

En présence de toutes ces complications, si on se reporte à toutes les difficultés des langues grecque, latine et française, il n'est pas étonnant qu'un grand nombre de jeunes gens, après avoir grandi sur les bancs des colléges, avoir étudié pendant une dizaine d'années, ignorent encore l'harmonie des règles.

C'est une vérité, du reste, confirmée par l'expérience et reconnue par les plus grands philosophes eux-mêmes. Ainsi s'exprime le célèbre Bossuet : « Je « n'ai jamais harangué en public sans commettre « considérablement de fautes de français. » Puis les Corneille, les Voltaire, les Rousseau, les Châteaubriant, enfin tous les hommes illustres en ont commis plus ou moins; et Racine lui-même qui, d'après Voltaire, était non-seulement le plus grand écrivain de son siècle mais un des régénérateurs de la langue française, en a laissé échapper à profusion dans ses pièces les plus recherchées.

Puis encore les hommes actuels admis à l'Institut, et qualifiés du nom pompeux de membres de l'Académie des sciences, et dont la plupart ont donné, en effet, des preuves éclatantes d'un talent supérieur, tels que François Arago, aux cours d'astronomie de l'Observatoire; Guizot, ex-ministre, à la tribune et à la Sorbonne; Blanqui, aux cours d'économie politique du Conservatoire; Michelet, aux cours d'histoire et aux cours de littérature du collége de France; Victor Hugo, dans ses pièces de poésie, etc., etc.

Or, si tous ces hommes illustres ayant consacré toute leur existence à l'étude, et choisis par le gouvernement pour établir les règles et la mesure du français, ont commis et commettent encore une grande quantité de fautes, on doit incontestablement en conclure que l'existence de l'homme est trop courte et sa mémoire trop faible pour qu'il puisse avoir toutes ces règles *classées* dans son cerveau ou que celles-ci sont trop vagues et trop compliquées, et, par ce fait, inaccessibles à l'intelligence humaine. Or, en bonne logique, il faudrait donc, dans le premier cas, que notre existence se prolongeât bien au delà du terme ordinaire; dans le second, qu'on réduisît ou simplifiât cette infinité de règles et d'exceptions, moyen naturellement plus praticable.

D'ailleurs, l'énumération suivante fixera toutes les appréciations sur ces innombrables difficultés qui semblent, ainsi que nous l'avons dit, avoir été imaginées plutôt pour décourager les hommes que pour les éclairer. Tels sont : les dix parties du discours, l'accord des participes, la construction de la syntaxe, celle des temps primitifs et des temps dérivés, la distinction du nominatif, du génitif, etc. En effet, comment retenir toutes ces diverses règles, passant des faits aux causes, du conséquent à l'antécédent?

Et comment ensuite retenir pourquoi plusieurs choses n'ont pas de nom tandis que d'autres en ont un double et même un triple ? Comment ceux-ci n'ont pas de masculin quand ceux-là n'ont pas de féminin ? Comment, enfin, d'autres sont masculins au singulier, féminins au pluriel, et réciproquement; puis, dans certains cas, viennent les figures de rhétorique disant peu pour faire comprendre beaucoup, et dans d'autres cas disant beaucoup pour faire comprendre peu ? Viennent ensuite les tropes, encore plus compliqués que tout ce qui précède, comprenant : l'extension, la catachrèse; les allégories, les litotes, les hyperboles, les périphrases, les antiphrases, etc., accompagnés de gros volumes de synonymes, d'homonymes, d'onomatopées, d'orthologie, etc. Je pourrais m'étendre encore considérablement, mais on comprendra sans peine que mon but est moins de censurer les auteurs qui ont traité de ces diverses matières que d'établir la différence entre ces complications presque surhumaines et la simplicité de la nouvelle méthode qui, agglomérant tous ces détails dans quelques règles générales, les rend accessibles à tous; tandis que par les moyens qu'on a prônés jusqu'ici, une multitude de jeunes gens, après avoir croupi dix ans sur les bancs d'un collége, semblent n'avoir aucune notion de l'harmonie, des règles et des rapports des phrases entre elles, mais ignorent même les principes du français et de l'orthographe; puis viennent d'autres personnes ni moins laborieuses ni moins intelligentes qui, après avoir suivi pendant quatre ou cinq ans les cours d'écoles élémentaires, écrivent et font plus de fautes que de mots. Cependant, ces déplorables résultats sont reconnus par tout le monde, et il est impossible que cela n'ait pas lieu par les moyens ordinaires, puisque les auteurs des règles fondamentales sont eux-mêmes souvent en contradiction sur les principes qui doivent nous servir de règles, sur le plus ou le moins de valeur de ces principes, sur la signification des mots ; puisqu'il y a des dictionnaires grecs, source d'où découle la langue française, qui nous donnent pour faits ce que d'autres donnent pour causes, ou nous présentent comme conséquents ce que d'autres nous présentent comme antécédents, etc.

Or, si ces raisons capitales justifient les personnes qui, ayant appris le grec et le latin, commettent encore des fautes, que doit-ce être pour celles qui n'ont pas reçu une éducation semblable et qui composent néanmoins les trois quarts du genre humain?

Telles sont les réflexions qui m'ont déterminé à chercher, trouver et publier cette nouvelle méthode, basée sur les rapports du son des mots avec nos sens et nos organes.

Afin que le lecteur puisse se rendre compte par lui-même de la différence entre ce nouveau système et les moyens employés jusqu'ici, nous croyons devoir donner, avant l'exposé de notre Méthode, cet abrégé historique de l'origine et des difficultés des principes de notre langue.

Or, le but de cette nouvelle méthode étant d'aplanir les difficultés, afin de les anéantir, ou du moins de les simplifier de manière à mettre tout le monde en position d'écrire et de raisonner par principes en peu de temps, pour arriver promptement à ce but, j'aborde la question sans nul préambule.

La langue française, comme la langue latine, se compose de 25 lettres dont 6 voyelles et 19 consonnes.

Avec ces lettres on compose des syllabes et des mots qui, avec le concours des signes orthographiques, forment à leur tour des phrases et des discours traitant de toutes les matières en général.

Les voyelles sont : A E I Y O U; les consonnes B C D F G H J K L M N P Q R S T V X Z.

On nomme *syllabes* les sons de voix.

Les signes orthographiques sont : les *accents*, l'*apostrophe*, le *tréma*, le *trait d'union*, la *cédille* et la *ponctuation*.

Mais passons sur ces détails élémentaires qui nous arrêteraient inutilement dans notre mode de procéder, lequel doit se borner à traiter par séries les diverses parties des principes, en distinguant les chefs de famille des mots par des remarques particulières, et en rappelant que la plupart dérivent les uns des autres, ou se forment les uns par les autres. Pour cela, nous prendrons le côté fort pour faire connaître le faible, ou le faible pour faire connaître le fort; nous rechercherons le masculin pour trouver le féminin, et réciproquement; enfin, nous examinerons tous les rapports d'étymologie qui peuvent exister directement ou indirectement.

Nous constaterons ainsi que le siége des difficultés gît primitivement dans l'intervention des lettres étymologiques, la répétition des consonnes, l'harmonie des sons identiques et le mécanisme des articulations générales servant à établir des rapports entre tout ce qui existe.

Or, pour ne pas nous précipiter dans l'abîme des difficultés grammaticales, nous nous contenterons de constater comment et pourquoi l'on prononce et l'on écrit les mots, sans nous préoccuper si ces mots sont des substantifs, des articles, des adjectifs, des pronoms, des verbes, des participes, des prépositions, des adverbes, des conjonctions ou des interjections, non plus qu'à tels sujets, tels modes ou telles personnes.

Pour nous résumer, nous nous bornerons à constater que ces choses sont ou ne sont pas; moyen de parcourir plus d'espace en moins de temps.

Or, pour publier notre nouveau système, « nous avons adopté le format moyen de l'Institut; » car un abrégé n'eût rempli qu'imparfaitement le but que nous nous proposions, et le grand format de l'Académie ou celui de Bescherelle nous eussent assujetti à surcharger notre méthode des noms fabuleux, des noms propres, des expressions particulières aux professions, aux arts, aux sciences, à la médecine, à la pharmacie, à l'astronomie, à la marine, à la chimie, etc., etc.

Nous terminerons en répétant ce que nous avons dit en commençant cette préface, que la simplicité du nouveau procédé le rend accessible, non-seulement aux personnes raisonnables, quelle que soit leur position, mais même aux enfants de quatre ans.

SYSTÈME FRANÇOIS CASTAUD

NOUVELLE MÉTHODE

POUR APPRENDRE

L'ORTHOGRAPHE

FORMATION DES MOTS

FORMATION DE L'ALPHABET.

L'alphabet français est complétement semblable à l'alphabet latin; mais il diffère de l'alphabet grec, qui n'a que 24 lettres au lieu de 25, tant pour la forme que pour la prononciation de ces lettres.

Les 24 lettres de l'alphabet français sont :
A B C D E F G H I J K L M N O P Q R S T U V X Y Z.

SYLLABES.

ba bé bi bo bu	ma mé mi mo mu
ca cé ci co cu	na ne ni no nu
da dé di do du	pa pe pi po pu
fa fé fi fo fu	ra re ri ro ru
ga ge gi go gu	sa sé si so su
ha hé hi ho hu	ta té ti to tu
ja je ji jo ju	va ve vi vo vu
ka ké ki ko ku	xa xe xi xo xu
la le li lo lu	za ze zi zo zu

FORMATION DES MOTS.

Les mots primitifs sont ceux qui servent à en former d'autres, et les dérivés sont ceux qui sont formés des primitifs. La consonne finale des mots primitifs est presque toujours indiquée par les mots dérivés.

EXEMPLES.

Le *B*, qui termine le mot plomb, est indiqué par celui de plomber ou plombé.

Le *C*. qui termine croc, est indiqué par crochet, crochetier, crocheteur.

Le *D*, qui termine le mot blond, est indiqué par celui de blonde; celui qui termine abord, par aborder : on aborde; celui qui termine rond, par ronde, rondeur.

Le *G*, qui termine long, est indiqué par

longue et longer, et celui qui termine bourg, par bourgade.

L'*N*, qui termine brun, est indiqué par brune, brunet.

Le *P*, qui termine drap, est indiqué par drapier, drapé; celui qui termine camp, par camper, et celui qui termime galop, par galoper.

Le *T*, qui termine court, par courte; celui qui termine saut, par sauter.

Nous pourrions donner de ces exemples à l'infini, mais nous pensons que ceux qui précèdent suffiront pour mettre le lecteur en état d'en trouver lui-même en aussi grand nombre qu'il voudra, et de comprendre que la multitude des radicaux et des chefs de famille des mots consignés dans cette méthode, peuvent être tous interprétés par ce mode de procéder.

De l'orthographe des mots de la même famille.

Le mot abbé, écrit par deux *bb*, indique qu'il en est de même d'abbesse, abbaye, etc.

Le mot accabler, écrit par deux *cc*, indique comment il faut écrire accablant, accablante, accablement.

Le mot accepter, écrit par deux *cc*, un *p* et un *t*, indique qu'il en est de même d'acceptant, accepté, acceptation.

Le mot accommoder, écrit par deux *cc* et deux *mm*, indique comment il faut écrire accommodant, accommodante, accommodé, accommodée, accommodement, accommodent, accommodage.

Le mot affecter, écrit par deux *ff* et *ct*, indique qu'il en est de même d'affectent, affectation.

Le mot affranchir, écrit par deux *ff* et un *h*, indique comment il faut écrire affranchi, affranchie, affranchissement.

Le mot aggraver, écrit par deux *gg*, indique qu'il en est de même d'aggravant, aggravante, aggravement.

Le mot approcher, écrit par deux *pp*, indique comment il faut écrire approchant, approchante, approché, approchée, approchement.

Le mot assassiner, dans lequel se trouvent deux fois deux *ss*, indique qu'il en est de même d'assassin, assassiné, assassinat.

Le mot attaquer, écrit par deux *tt* et un *qu*, indique comment il faut écrire attaquant, attaquable, attaqué.

DES DOUBLES CONSONNES.

La liste suivante, contenant tous les mots usités commençant par une voyelle et une double consonne, précise que toutes les fois qu'on a à écrire un mot qui ne s'y trouve pas, directement ou indirectement, on peut hardiment l'écrire avec une simple consonne, vu, par exemple, que le *b*, précédé d'une voyelle, ne se double que dans abbé et les mots qui en dérivent, tels que abbesse, abbaye, etc.

Or, pour tous ceux qui ne sont pas de cette catégorie, on peut, sans hésiter, ne mettre qu'un *b*; car si, contrairement à cette règle, quelques-uns en prennent deux, ce ne sont que des noms propres, des noms fabuleux, inusités, que l'on doit considérer comme inutiles ou comme n'existant pas. Je n'insiste sur cette remarque qu'autant qu'elle se reproduira pour toutes les autres voyelles initiales.

Car, pour bien se pénétrer de l'importance de cette règle générale et des moyens faciles de l'interpréter, afin d'acquérir par elle, en quelques semaines, ce que plus des deux tiers des hommes n'ont pas pu apprendre en des années par tous les moyens précédents, on se pose ainsi la question : Combien de mots usités commencent par une voyelle et une double consonne? Réponse : Les suivants, au nombre de 320, et quelques autres qui, avec leur analogie et leur temps de verbe, agglomèrent d'immenses résultats et donnent l'orthographe de milliers de mots à la fois.

Formation des mots par *a* avec double consonne.

D. Combien de mots usités commencent par *a* et deux *bb?*

R. Un seul, chef de famille : *abbé*.

Formation des mots usités par *a* et deux *cc*.

Accabler
Accaparer
Accastiller
Accéder
Accélérer
Accenser
Accentuer
Accepter
Accessible
Accessoire
Accident
Acciper
Accise
Acclamper
Acclimater
Accointer (s')
Accoiser
Accoler
Accommoder
Accompagner
Accomplir
Accorder
Accorer
Accoster
Accoucher
Accoupler
Accourcir
Accourir
Accoutrer
Accoutumer
Accréditer
Accrocher
Accroupir
Accroire
Acculer
Accumuler
Accuser

Formation des mots usités par *a* et deux *dd*.

Additionner
Adduction

Formation des mots usités par *a* et deux *ff*.

Affable
Affadir
Affaire
Affaisser
Affaiter
Affaler

Affamer
Afféager
Affectionner
Affecter
Affermer
Affermir
Afficher
Affiler
Affilier
Affiloir
Affiner
Affiériner
Affirmer
Affleurer
Affliger
Affluer
Affoler
Affourcher
Affranchir
Affréter
Affriander
Affrioler
Affronter
Affubler
Affuter

Formation des mots usités par *a* et deux *gg*.

Aggraver
Agglutiner
Agglomérer

Formation des mots usités par *a* et deux *ll*.

Allaiter
Allécher
Alléger
Allégir
Allégoriser
Alléguer
Aller
Allier
Allonger
Allouer
Allumer

Formation des mots usités par *a* et deux *mm*.

Ammon
Ammoniac
Ammoniaque
Amman
Ammonite
Ammi

Formation des mots usités par *a* et deux *nn*.

Annales
Anneau
Année
Anneler
Annexer
Annoncer
Annoter
Annuler

Formation des mots usités par *a* et deux *pp*.

Apparaître	Appeler	Appréhender
Apparenter	Appiétrir	Apprendre
Apparesser	Applaudir	Apprêter
Apparier	Appliquer	Approuver
Apparoir	Appointer	Approcher
Appartenir	Apporter	Approprier
Appâter	Apposer	Approximer
Appauvrir	Apprécier	

Formation des mots usités par *a* et deux *rr*.

Arracher	Arrher	Arriver
Arranger	Arrimer	Arroger
Arrenter	Arrioler	Arrondir
Arrêter	Arriser	

Formation des mots usités par *a* et deux *ss*.

Assaillir	Assigner	Assortir
Assainir	Assimiler	Assoupir
Assaisonner	Assaut	Assourdir
Assassiner	Assister	Assouvir
Assembler	Associer	Assurer
Asseoir	Assoler	Assujettir
Asservir	Assommer	

Formation des mots usités par *a* et deux *tt*.

Attabler	Attaquer	Atteindre
Attacher	Attendre	Attenter

Atténuer Atteler Attremper
Attirer Attirer Attribuer
Atterrer Attiser Attrister
Attester Attitrer Attrouper
Attiédir Attraire Attifer
Attendrir Attraper Attinter

Formation des mots usités par *e* et deux *cc*.

Ecchymose Ecclésiastique Eccrinologie
Ecce-homo

Formation des mots usités par *e* et deux *ff*.

Effacer Efficacité Effrayer
Effaner Effigie Effréner
Effarer Effiler Effriter
Effaroucher Effleurer Effroi
Effectif Effeuiller Effronté
Effectuer Effondre Effroyable
Efféminer Efforger Effumer
Effervescence Effort Effusion
Effet Effraction Efflanquer
Effeuiller

Formation des mots usités par *e* et deux *ll*.

Elle Ellipse

Formation des mots usités par *e* et deux *mm*.

Emmagasiner Emmaillotter Emmannequiner
Emmaigrir Emmancher Emmariner

Emménager	Emmenotter	Emmieller
Emmener	Emmeubler	Emmitoufler

Formation des mots usités par *e* et deux *nn*.

Ennemi	Ennoie	Ennuyer
Ennoblir		

Formation des mots usités par *e* et deux *rr*.

Errant	Errer	Erroné
Erre		

Formation des mots usités par *e* et deux *ss*.

Essai	Essentiel	Essoriller
Essaimer	Esser	Essoucher
Essarder	Essimer	Essouffler
Essarter	Essonnier	Essourisser
Essayer	Essor	Essuquer
Essence	Essorer	Essuyer

Formation des mots usités par *i* et deux *ll*.

Illégal	Illicite	Illuminer
Illégitime	Illimité	Illustrer

Formation des mots usités par *i* et deux *mm*

Immaculé	Immatriculer	Immersif
Immanéable	Immédiat	Immiscer
Immatérialité	Immensité	Immobilier

Immodéré	Immondice	Immortifier
Immodeste	Immoral	Immuable
Immoler	Immortaliser	Immunité
Immonde		

Formation des mots usités par *i* et deux *nn*.

Inné	Innocenté	Innommé
Innocent	Innombrable	Innover

Formation des mots usités par *i* et deux *rr*.

Irradiation	Irréligion	Irrespectueux
Irrationnel	Irrémédiable	Irrévérent
Irrécusable	Irrémissible	Irrévocable
Irréductible	Irrépréhensible	Irrigation
Irréfléchir	Irréprochable	Irriter
Irréformable	Irrésistible	Irruption
Irrégulier	Irrésolution	

Formation des mots usités par *i* et deux *ss*.

Isser	Issu

Formation des mots usités par *o* et deux *cc*.

Occasionner	Occultation	Occuper
Occident	Occulte	Occurrence
Occire	Occupant	

Formation des mots usités par *o* et deux *ff*.

Offenser	Offerte	Offertoire

Office Officieux Offusquer
Officier Offrir

Formation des mots usités par *o* et deux *pp*.

Opportun Oppresser Opprobre
Opposer Opprimer

Formation des mots usités par *o* et deux *ss*.

Ossement Osseux Ossifier

Formation des mots usités par *o* et deux *tt*.

Ottomane

De l'identité des mots usités par O ou par AU, 250,

Ou moyen de connaître le nombre supérieur par la connaissance du nombre inférieur.

EXEMPLE.

Si l'on est certain que dans la catégorie des *b* se trouvent 11 mots sur 114 qui s'écrivent par *bau*, on est naturellement convaincu que les 103 autres s'écrivent par *bo*, et cette règle, se reproduisant pour toutes les autres consonnes sonnant *o*, mérite qu'on fixe bien l'attention sur son importance et qu'on apprenne par cœur la partie inférieure, afin d'être fixé sur la partie supérieure.

103 mots usités s'écrivent par *bo* et les 11 suivants par *bau*.

Bau	Baudet	Baugue
Baubi	Baudir	Baume
Baud	Baudrier	Bauquin
Baudes	Baudruche	

---

29 mots usités s'écrivent par *cau*, tandis que plusieurs centaines d'autres s'écrivent par *co*.

En connaissant l'orthographe du premier nombre, l'on est naturellement fixé pour tous les autres, fussent-ils cent fois et mille fois plus nombreux.

Cauchemar	Causer	Caudatoire
Cauchois	Causerie	Cautileux
Caudé	Causeur	Cautère
Caudebec	Causeuse	Cautérique
Caudimane	Causticité	Cautérisation
Caulicoles	Caustique	Cautériser
Cause	Caut	Caution
Causalité	Cautile	Cautionnement
Causatif	Cautileusement	Cautionner
Cause		

---

80 et quelques mots usités s'écrivent par *do* et les 9 suivants par *dau*.

Daube.	Dauber	Daubeur

Daugue	Daumur	Daurade
Daugrebot	Dauphin	D'autant

Formation des mots usités par *o*. Plus de 100 commencent par *fo* et les 44 suivants par *fau*.

Faubert	Fauconner	Faute
Fauberter	Fauconnière	Fauteuil
Faubourg	Fauder	Fauteur
Fauchage	Faufiler	Fauve
Fauchaison	Fauldes	Fauvette
Fauche	Faulx	Faux
Faucher	Faussaire	Faux-feu
Fauchet	Fausse-braie	Faux-fuyant
Faucheur	Faussement	Faux-marcher
Faucheux	Fausser	Faux-pli
Faucille	Fausses	Faux-saunage
Faucillon	Fausset	Faux-saunier
Faucon	Fausseté	Faux-semblant
Fauconneau	Faussure	Faune
Fauconnerie		

Formation des mots usités par *o*. 50 et quelques mots s'écrivent *go* et les 23 suivants *gau*.

Gauche	Gauchissement	Gaufrer
Gauchement	Gaude	Gaufreur
Gaucher	Gaudir	Gaufrier
Gaucherie	Gaudisserie	Gaufrure
Gauchir	Gaufre	Gaule

Gauler
Gaules
Gaulois
Gaupe
Gaures
Gausser
Gausserie
Gausseur

Formation des mots usités par *jo*. Les 10 suivants s'écrivent par *jau* et tous les autres par *jo*.

Jauge
Jaugeage
Jauger
Jaugeur
Jaunâtre
Jaune
Jaunet
Jaunir
Jaunissant
Jaunisse

---

60 et quelques mots usités s'écrivent par *lo* et les 6 suivants par *lau*.

Laudanum
Laude
Lauréat
Laurentine
Lauréole
Laurier

---

140 et quelques mots usités commencent par *mo* et les 15 suivants par *mau*.

Maudire
Maudit
Maudisson
Maugrebin
Maugréer
Maupiteux
Maure
Mausolée
Maussade
Maussadement
Maussaderie
Mauvais
Mauve
Mauviette
Mauvis

---

80 et quelques mots usités s'écrivent par *no* et les 8 suivants par *nau*.

Naufrage
Naufragé
Naumachie
Nausée
Nautile
Nautique
Nautonier

150 et quelques mots usités s'écrivent par *po* et les 14 suivants par *pau*.

Paulette
Paume
Paumelle
Paumer
Paumier
Paumière
Paupière
Pause
Pauser
Pausement
Pauvre
Pauvrement
Pauvret
Pauvreté

Plus de 100 mots usités s'écrivent par *ro*, et par *rau* les deux suivants seulement.

Raucité
Rauque

Les 51 mots usités suivants s'écrivent par *sau* et les autres par *so*.

Sauce
Saucer
Saucière
Saucisse
Saucisson
Sauf
Sauge
Saugrenu
Saugue
Saulaie
Saule
Saumâtre
Saumée
Saumier
Saumière
Saumon
Saumonneau
Saumonné
Saumure
Saunage
Sauner
Saunerie
Saunier
Saunière
Saupiquet
Saupoudrer
Saurage
Saure
Saurer
Saurin
Saurissage
Saurisserie
Saurisseur
Saussaie
Saut
Sautant
Sautelle
Sauter
Sautereau
Sauterelle
Sauteur
Sauteuse

Sautiller
Sauvage
Sauvageon
Sauve-garde
Sauvement
Sauver
Sauveté
Sauve-vie
Sauveur
Sauvagin

---

60 et quelques mots usités s'écrivent par ***to*** et les 19 suivants par ***tau***.

Tau
Taudis
Taupe
Taupe-grillon
Taupier
Taupière
Taupinée
Taupin
Taure
Taureau
Taurelière
Taurobole
Taurocolle
Tauropbage
Tautogramme
Tautologie
Tautologique
Tautométrie
Taux

---

80 et quelques mots s'écrivent par ***vo***, et par ***vau*** les 12 suivants.

Vaucour
Vaudeville
Vaudevilliste
Vaudois
Vaudaux
Vau-l'eau
Vaunéant
Vaurien
Vautour
Vautrait
Vautrer
Vau-de-route

De l'identité des mots usités par É ou par AI, 160.

L'identité des sons par *ai* ou par *é* ayant les mêmes résultats que celui du son *o* par *au*, les mêmes observations peuvent s'y appliquer indistinctement.

Formation des mots usités par *bé*. 160 et quelques mots s'écrivent par *bé* et les 18 suivants par *bai*.

Bai	Bairam	Baisse
Baie	Baisemain	Baissé
Baigner	Baisement	Baisser
Baigneur	Baiser	Baissier
Baignoire	Baiseur	Baissière
Bain	Baisotter	Baisure

---

150 et quelques mots usités se forment par *cé*, et par *cai* les 8 suivants.

Caica	Caimandeur	Caissier
Caïman	Caire	Caisson
Caimander	Caisse	

Formation des mots usités sonnant *é*. Les 3 suivants seulement commencent par *dai*, tandis que plus de 1200 commencent par *dé*.

Daigner	Daim	Dais

---

120 et quelques mots usités s'écrivent par *fé*, et par *fai* les 22 suivants.

Faible	Faine	Faisable
Faiblement	Fainéant	Faisan
Faiblesse	Fainéantor	Faisander
Faiblir	Fainéantise	Faisande
Faim	Faire	Faisanderie

Faisceau
Faissier
Fait
Faitage
Faite
Fait exprès
Faix

---

120 et quelques mots usités s'écrivent par *gé* et les 6 suivants par *gai*.

Gai
Gaiement
Gaieté
Gain
Gaîne
Gaînier

---

15 mots usités s'écrivent par *jé* et les 4 suivants par *jai*.

Jaillir
Jaillissant
Jaillissement
Jais

Une centaine de mots usités s'écrivent par *lé* et les 26 suivants par *lai*.

Lai
Laiche
Laidanges
Laideron
Laideur
Laie
Lainage
Laine
Laineux
Lainer
Lais
Laisse
Laissées
Laisser
Laitage
Laite
Laiterie
Laiteron
Laiteux
Laitier
Laitière
Laiton
Laitue
Lait viginal
Laize
Laisser-courbé

Environ 300 mots usités s'écrivent par *mé* et les 22 suivants par *mai*.

Mai
Maiden
Maigre

Maigrelet
Maigrement
Maigret
Maigreux
Maigrir
Maigue
Maihari
Mais
Maison
Maisonnage
Maisonnée
Maisonnette
Maître
Maîtresse
Maieur
Main
Main-d'œuvre
Main-levée
Main-morte

---

80 **et quelques mots usités commencent par** ***né*** **et les** 4 **suivants par** ***nai*****.**

Nai
Naissant
Naissance
Naître

---

380 **et quelques mots usités s'écrivent par** ***pé*** **et les** 10 **suivants par** ***pai*****.**

Pair
Paire
Pairée
Pairle
Paisible
Pain
Paissant
Paisson
Paître
Paix

---

30 **et quelques mots usités s'écrivent par** ***qué*** **et les** 2 **suivants seulement par** ***quai*****.**

Quai
Quaiche

Plus de 1000 **mots usités s'écrivent par** ***ré*** **et les** 15 **suivants par** ***rai*****.**

Raie
Raiffort
Raine
Raineau
Rainure
Raiponse
Raire
Rais
Raisin

Raisiné	Raisonnable	Raisonnant
Raison	Raisonnablement	Raisonner

---

240 et quelques mots usités s'écrivent par *sé* et les 14 suivants par *sai*.

Saie	Saigneur	Saisissant
Saignant	Saisir	Saisissement
Saignée	Saisie	Saison
Saignement	Saisi	Saisine
Saigner	Saisissable	

---

150 et quelques mots usités s'écrivent par *té* et les 3 suivants seulement par *tai*.

Taie	Taire	Taisson

---

250 et quelques mots usités s'écrivent par *vé* et les 4 suivants par *vai*.

Vair	Vaisseau	Vaisselle
Vairon		

De la lettre A.

Nomenclature de tous les chefs de famille des mots usités commençant par A.

OBSERVATION. — Cette lettre précède plus souvent les doubles consonnes que toutes les autres voyelles ensemble.

Abaisser
Abandonner
Abasourdir
Abâtardir
Abattre
Abdiquer
Abecquer
Abélir
Abhorrer
Abîmer
Abjurer
Abluer
Abolir
Abominer
Abonder
Abonnir
Aborner
Aboucher
Abouquer
Abouter
Aboutir
Aboyer
Abrévier
Abreuver
Abreveter
Abriter
Abréger
Aboutir
Absorber
Absoudre
Abstenir
Absterger
Abstraire
Abuser
Abuter
Abymer
Académiser
Acagnarder
Accaparer
Accastiller
Accéder
Accélérer
Accentuer
Accepter
Acciper
Accamper
Acclimater
Accointer
Accoiser
Accoler

Accommoder	Aciduler	Affaîter
Accompagner	Acoquiner	Affaler
Accomplir	Acquérir	Affamer
Accorder	Acquiescer	Afféager
Accorer	Acquitter	Affecter
Accoter	Additionner	Affectionner
Accoucher	Actionner	Affermer
Accouder	Activer	Affermir
Accouer	Adapter	Affiler
Accoupler	Adhérer	Affilier
Accourcir	Adjoindre	Affiner
Accourir	Adjuger	Affirmer
Accoutumer	Adjurer	Affleurer
Accravanter	Admettre	Affliger
Accréditer	Administrer	Affluer
Accrocher	Admirer	Affoler
Accroire	Admonester	Affourcher
Accroître	Adonner	Affranchir
Accroupir	Adopter	Affriander
Accueillir	Adorer	Affrioler
Acculer	Adosser	Affronter
Accumuler	Adouber	Affubler
Accuser	Adoucir	Affuter
Accencer	Adresser	Agacer
Acérer	Aduler	Agencer
Achalander	Adurer	Agenouiller
Acharner	Aérer	Agglomérer
Acheminer	Affadir	Agglutiner
Acheter	Affaiblir	Aggraver
Achever	Affaisser	Agioter

Agriffer
Agrouper
Aguerrir
Ahaner
Ahurir
Aider
Agayer
Aigrir
Aiguiller
Aiguilleter
Aiguiser
Aimanter
Aimer
Airer
Ajourner
Ajouter
Ajuster
Alarmer
Alarguer
Alcaliser
Alcooliser
Aléser
Aliéner
Aligner
Alimenter
Aliter
Allaiter
Alléger
Allégir
Allégoriser
Alléguer
Aller
Allier
Allonger
Allumer
Alourdir
Aloyer
Altérer
Annuler
Amalgamer
Amarrer
Amasser
Amatir
Ambitionner
Ameubler
Amboutir
Ambrer
Améliorer
Amender
Amener
Amenuiser
Ameublir
Ameulonner
Ameuter
Amidonner
Amincir
Amodier
Amoindrir
Amollir
Amonceler
Amorcer
Amplier
Ampusser
Amputer
Amuler
Amuser
Analyser
Anatomiser
Ancher
Ancantir
Anheler
Animaliser
Animer
Anneler
Annihiler
Annoncer
Annoter
Annuler
Anoblir
Anonner
Anticiper
Antidater
Aoûter
Apaiser
Apanager
Apercher
Apetisser
Apiquer
Apitoyer
Aplaner

Aplanir	Approuver	Articuler
Apostasier	Approximer	Asperger
Aposter	Appuyer	Aspirer
Apostiller	Appurer	Assabler
Apostropher	Araser	Assainir
Aposthumer	Arbitrer	Assassiner
Appiller	Arborer	Assembler
Apparenter	Arbousser	Asseoir
Appasser	Arder	Asservir
Apparier	Aréner	Assigner
Apparoir	Argenter	Assimiler
Appartenir	Argoter	Associer
Appâter	Arguer	Assoler
Appauvrir	Argumenter	Assommer
Appeler	Armer	Assortir
Appesantir	Armorier	Assoupir
Appéter	Arpéger	Assouplir
Applaudir	Arpenter	Assourdir
Appliquer	Arquebuser	Assouvir
Appointer	Arracher	Assujettir
Apporter	Arranger	Assurer
Apposer	Arrenter	Asticoter
Apprécier	Arrêter	Atermoyer
Appréhender	Arrher	Atinter
Apprendre	Arriérer	Atourner
Apprêter	Arrimer	Attabler
Apprivoiser	Arriser	Attacher
Approcher	Arriver	Attaquer
Approfondir	Arroger	Attarder
Approprier	Arrondir	Atteler

Attendrir
Attenter
Atténuer
Attirer
Atterrer
Attester
Attiédir
Attifer
Attinter
Attirer
Attiser
Attitrer
Attraper
Attramper
Attribuer
Attrouper
Augmenter
Augurer
Aumôner
Authentiquer
Autoriser
Auvaler
Avancer
Avantager
Avenir
Aventurer
Avérer
Avertir
Aveugler
Avilir
Aviner
Aviser
Avitailler
Aviver
Avoir
Avoisiner
Avorter
Avouer

De la lettre B.

Nomenclature de tous les chefs de famille de mots usités commençant par B.

Observation. — Le *B* a le son doux ; il prend quelquefois le son du *p*, du *v* et de l'*f*.

Babiller
Bâcler
Badauder
Badiner
Baguetter
Baviner
Bailler
Baiser
Baisotter
Baisser
Balafrer
Balancer
Balayer
Baliverner
Baller

Ballotter
Bander
Banner
Bannir
Banqueter
Baptiser
Baqueter
Baragouiner
Baraquer
Baratter
Barboter
Barbouiller
Barguigner
Babioler
Barrer
Barricader
Baser
Bassiner
Baster
Bastinguer
Batailler
Bâter
Bâtir
Bâtonner
Battre
Baudir
Bavarder
Bayer
Béatifier
Bêcher

Becqueter
Bégayer
Bénir
Béquiller
Bercer
Berner
Beugler
Baiser
Bigarrer
Bigorner
Billarder
Biller
Biner
Biqueter
Biser
Bisquer
Bistourner
Bivouaquer
Blâmer
Blanchir
Blaser
Blatier
Blesser
Bleuir
Blinder
Blondir
Bloquer
Bluter
Bocarder
Boësser

Boire
Boiter
Bombarder
Bomber
Bondonir
Bondonner
Bonifier
Bonneter
Bordayer
Border
Bordoyer
Borner
Bornoyer
Bosseler
Bossuer
Botaniser
Botteler
Botter
Boucaner
Bouchonner
Boucher
Bouffer
Bouffir
Bouffonner
Bouger
Bougier
Bougonner
Bougouer
Bouillir
Bouillonner

Bouleverser	Braser	Brocher
Bouliner	Brasiller	Brocheter
Boulonner	Brasser	Broder
Bouquer	Braver	Broncher
Bouquiner	Brayer	Bronzer
Bouger	Bredir	Brosser
Bourdonner	Bredouiller	Brouter
Bourgeonner	Brésiller	Brouiller
Bourreler	Bretailler	Broyer
Bourrer	Bretteler	Bruiner
Boursiller	Breuiller	Bruir
Boursoufler	Breveter	Brûler
Bousiller	Bricoler	Brunir
Boutonner	Brider	Brusquer
Boxer	Brifauder	Brutaliser
Braconner	Brifer	Bûcher
Braiser	Brigander	Buffeter
Brumer	Brillanter	Buriner
Brancher	Briller	Buter
Brandiller	Brimbaler	Butiner
Brandir	Briqueter	Butter
Branler	Briser	Buvotter
Braquer	Brocanter	

De la lettre C.

Nomenclature des chefs de famille de mots usités commençant par un C.

Observation. — Le *C*, devant *a*, *o*, *u*, a le son dur comme *k*, *q*, *g*; mais il a le son doux comme *s* devant *e*, *i*, *y*. Il acquiert encore ce son doux devant *a*, *o*, *u*, lorsqu'il est accompagné d'une cédille (*ç*).

Cabaler	Cajoler	Canoniser
Câbler	Calandrer	Canonner
Cabrioler	Calciner	Cantonner
Cacaber	Calculer	Capéer
Cacarder	Caler	Capeler
Cacher	Calfater	Capituler
Cacheter	Calfeutrer	Capter
Cachoter	Calibrer	Captiver
Cadenasser	Calmer	Capturer
Cadencer	Calomnier	Caquer
Cadetter	Cambrer	Caqueter
Cadrer	Camper	Carabiner
Cagnarder	Canarder	Caractériser
Cahoter	Caner	Caramboler
Cailler	Caneter	Carcailler
Cailleter	Canneler	Caresser

Carquer
Carier
Carneler
Carner
Carotter
Carreler
Cartayer
Cartonner
Caser
Casser
Catéchiser
Cater
Causer
Cautériser
Cautionner
Caver
Céder
Célébrer
Céler
Cémenter
Censurer
Centraliser
Centupler
Cercler
Cerner
Certifier
Cesser
Chafourer
Chagriner
Chaloir

Chalumer
Chamailler
Chamarrer
Chambrer
Chamoiser
Champarter
Chanceler
Chanfriner
Changer
Chansonner
Chanter
Chantourner
Chapeler
Chaperonner
Chapitrer
Charbonner
Charbouiller
Charcuter
Citer
Civiliser
Chaper
Claquer
Claqueter
Clarifier
Classer
Clatier
Clicher
Cligner
Clignoter
Cliqueter

Clocher
Cloîtrer
Clopiner
Clore
Clouer
Cluser
Coaguler
Cocheniller
Cochonner
Coffrer
Cohabiter
Cohober
Coiffer
Coïncider
Coincer
Collationner
Coller
Colletér
Colliger
Colloquer
Colluder
Colorer
Colorier
Colporter
Combattre
Combiner
Combler
Combuger
Commander
Commencer

Commenter
Commer
Commercer
Commettre
Commissionner
Commuer
Communier
Communiquer
Chardonner
Charger
Charlataner
Charmer
Charpenter
Charrier
Charroyer
Chasser
Châtier
Chatouiller
Chauler
Chaumer
Chausser
Chavirer
Cheminer
Chemiser
Chenevotter
Chercher
Chérir
Chevaler
Chevaucher
Chever

Cheviller
Chevroter
Chicaner
Chicoter
Chienner
Chiffrer
Chiner
Chipper
Chôir
Choisir
Chômer
Chopiner
Chopper
Choquer
Choyer
Chucheter
Cicatriser
Ciller
Cimenter
Cingler
Cintrer
Circonscrire
Circonstancier
Circonvenir
Circuler
Cirer
Cisailler
Ciseler
Comparaître
Comparer

Compatir
Compasser
Compenser
Compéter
Compiler
Complaire
Complanter
Compléter
Complimenter
Compliquer
Comploter
Comporter
Composer
Comprendre
Comprimer
Compromettre
Compter
Compulser
Concasser
Concentrer
Concerner
Concerter
Concevoir
Concilier
Conclure
Concourir
Condamner
Condenser
Condescendre
Conditionner

Conduire
Conffectionner
Conférer
Confesser
Confier
Confiner
Confire
Confirmer
Confondre
Conformer
Conforter
Confronter
Congédier
Congeler
Conglomérer
Congratuler
Conjecturer
Conjoindre
Conjurer
Connaître
Conniller
Conniver
Conquérir
Conqueter
Consacrer
Conseiller
Considérer
Consigner
Consister
Consoler
Consolider
Consommer
Conspirer
Conspuer
Constater
Conster
Consterner
Constiper
Constituer
Construire
Consumer
Contaminer
Contempler
Contenir
Contenter
Conter
Continuer
Contourner
Contracter
Contraindre
Contrarier
Contraster
Contrebalancer
Contrecarrer
Contredire
Contrefaire
Contre-hacher
Contremander
Contremarquer
Contre-miner
Contre-peser
Contre-pointer
Contre-révolut
Contre-signer
Contrevenir
Contribuer
Contrister
Contrôler
Contumacer
Contusionner
Convaincre
Convenir
Converser
Convertir
Convier
Convoiter
Convoler
Convoquer
Convoyer
Coopter
Copter
Coqueliner
Coqueter
Cordonner
Corner
Corporifier
Correspondre
Corroborer
Corroder
Corroyer

Cosser
Coter
Cotiser
Côtoyer
Coucher
Couder
Coudre
Coudrer
Couler
Couteler
Couper
Coupler
Coupleter
Courber
Courir
Couronner
Courtiser
Cousiner
Coûter
Couver
Cracher
Crachoter
Craindre
Cramponner
Craquer
Craqueter
Craticuler
Crayonner
Créer
Crémer
Crépir
Crevasser
Criailler
Criminaliser
Crisper
Crisser
Cristalliser
Critiquer
Croasser
Crocheter
Croiser
Croître
Croquer
Crosser
Crotter
Crouler
Croupir
Croustiller
Crucifier
Cuber
Cueillir
Cuider
Cuirasser
Cuisiner
Cuivrer
Culbuter
Culer
Culminer
Culotter
Cultiver
Cumuler
Curer
Cuveler
Cuver

De la lettre D.

Nomenclature de tous les chefs de famille des mots usités commençant par un D.

Observation. — Le *D* à la fin des mots, lorsqu'il sert à former une liaison, a le son de *t*.

Désobliger
Désobstruer
Désœuvrer
Désoler
Désopiler
Désorganiser
Désorienter
Désosser
Désourdir
Désoxyder
Despumer
Dessaigner
Dessaisonner
Dessaler
Dessangler
Dessécher
Desseller

Desserrer
Dessertir
Desservir
Dessiller
Dessiner
Dessoler
Dessouder
Dessouler
Destiner
Destituer
Désunir
Dépayser
Détacher
Détailler
Détalinguer
Détaper
Déteindre

Dételer
Dendre
Détenir
Déterger
Détériorer
Déterminer
Déterrer
Détester
Détignonner
Détirer
Détiser
Détisser
Détonner
Détondre
Détorquer
Détortiller
Détoucher

Détouper	Devoir	Députer
Détoupillonner	Dévouer	Déraciner
Détourner	Dévoyer	Dérader
Détracter	Dialoguer	Déranger
Détranger	Dicter	Déraper
Détraquer	Diffamer	Dérater
Détremper	Différencier	Dérégler
Détriter	Différer	Dérider
Détripler	Digérer	Dériver
Détromper	Diguer	Dérober
Détrôner	Dilacérer	Déroyer
Détrousser	Dilapider	Déroidir
Détruire	Dilater	Dérompre
Dévaler	Délayer	Dérougir
Dévaliser	Diligenter	Dérouiller
Devancer	Diminuer	Dérouler
Dévaster	Dîner	Dérouter
Développer	Déposséder	Désabuser
Devenir	Déposter	Désaccorder
Déventer	Dépoter	Désaccoupler
Déverrouiller	Dépoudrer	Désaccoutumer
Déverguer	Dépouiller	Désachalander
Deverser	Dépourvoir	Désaffectionner
Dévider	Déprécier	Désaffleurer
Dévier	Dépréder	Désaffoucher
Deviner	Déprendre	Désagréer
Dévirer	Dépresser	Désairer
Dévisager	Déprier	Désajuster
Deviser	Déprimer	Désaltérer
Dévoiler	Dépurer	Désancrer

Désappareiller	Désenrager	Délasser
Désapparier	Désenrhumer	Délatter
Désappointer	Désenrôler	Délayer
Désapprendre	Désenrouer	Délecter
Désapprouver	Désensevelir	Déléguer
Désarçonner	Désensorceler	Délester
Désargenter	Désentêter	Délicater
Désarmer	Désentortiller	Délier
Désarrimer	Désentraver	Délinquer
Désassembler	Désenvenimer	Délirer
Désassocier	Déserter	Déliter
Désassortir	Désespérer	Délivrer
Désaveugler	Déshabiller	Déloger
Désavouer	Déshabituer	Déluter
Déceler	Déshériter	Démacler
Descendre	Désigner	Démaigrir
Désemballer	Désincorporer	Démaillotter
Désembarquer	Désinfatuer	Démancher
Désembarrasser	Désinfecter	Demander
Désembourber	Désinfluencer	Démanger
Désemparer	Désintéresser	Démanteler
Désemplir	Désinviter	Démantibuler
Désenchaîner	Désirer	Démarier
Désenchanter	Désobéir	Démarquer
Désenclouer	Déjoindre	Démarrer
Désenfler	Déjouer	Démasquer
Désenivrer	Délacer	Démastiquer
Désenlacer	Délaisser	Démâter
Désenlaidir	Délaiter	Dématérialiser
Désennuyer	Délarder	Démêler

Démembrer	Dépâtisser	Déporter
Déménager	Dépaver	Déposer
Démentir	Dépayer	Décoiffer
Démettre	Dépecer	Décoller
Démeubler	Dépêcher	Décolleter
Démieller	Dépédantiser	Décolorer
Démolir	Dépendre	Décombrer
Démonétiser	Dépenser	Décomposer
Démontrer	Dépensier	Décompoter
Démoraliser	Dépérir	Décompter
Démouvoir	Dépersuader	Déconcerter
Démunir	Dépêtrer	Déconfire
Dénaturer	Dépeupler	Déconforter
Déniaiser	Dépiécer	Déconseiller
Dénicher	Dépiler	Décontenancer
Dénier	Dépiquer	Décorder
Dénigrer	Dépister	Décorer
Dénombrer	Déplacer	Découcher
Dénommer	Déplaire	Découdre
Dénoncer	Déplanter	Découler
Dénouer	Déplâtrer	Découper
Denteler	Déplier	Découpler
Dénuer	Déplisser	Décourager
Dépaqueter	Déplorer	Décourber
Déparager	Déployer	Découvrir
Dépareiller	Déplumer	Décrasser
Déparer	Dépocher	Décréditer
Déparler	Dépointer	Décrépiter
Départir	Dépolir	Décréter
Dépasser	Dépopulariser	Décrier

Décrire
Décrocher
Décroire
Décroître
Décrotter
Décroûter
Décruser
Décupler
Dédaigner
Dédamer
Dédier
Dédormir
Dédoubler
Défaillir
Défaire
Défalquer
Défendre
Déféquer
Déférer
Déferler
Déferrer
Défeuiller
Défier
Défiler
Défléchir
Déflegmer
Défleurir
Défluer
Défoncer
Déformer
Défouetter
Défranciser
Défrayer
Défricher
Défriser
Défroncer
Défroquer
Défumer
Dégager
Dégaîner
Dégarnir
Dégauchir
Dégénérer
Dégluer
Dégobiller
Dégoisir
Dégonder
Dégonfler
Dégorger
Dégoter
Dégourdir
Dégoûter
Dégrader
Dégrafer
Dégraisser
Dégrappiner
Dégravoyer
Dégréer
Dégringoler
Dégriser
Dégrosser
Dégrossir
Déguerpir
Dégueuler
Déguignonner
Déguster
Déhâler
Déharder
Déifier
Déjeuner
Débrayer
Débredouiller
Débrider
Debrouiller
Débrûler
Débrutir
Débûcher
Débusquer
Décacheter
Décesser
Décalquer
Décamper
Décanter
Décaper
Décapiter
Décarreler
Décéder
Déceler
Décerner
Décevoir

Déchaîner
Déchalander
Déchalasser
Déchanter
Déchaperonner
Décharger
Décharner
Décharpier
Déchaumer
Déchausser
Décheveler
Déchevêtrer
Déchiffrer
Déchiqueter
Déchirer
Déchoir
Déchouer
Décider
Décimer
Décintrer
Déciper
Déclarer
Déclasser
Déclaver
Déclencher
Décliner
Décloîtrer
Déclore
Décoüer
Découcher

Daguer
Daigner
Daller
Damasquiner
Damasser
Damer
Damner
Dandiner
Danser
Darder
Dater
Dauber
Débâcler
Débacouler
Déballer
Débander
Débanquer
Débaptiser
Débarbouiller
Débarquer
Débarrer
Débuter
Débattre
Débaucher
Débeller
Débiffer
Débillarder
Débiliter
Débiller
Débiter

Déblatérer
Déblayer
Déboîter
Débonder
Débondonner
Déborder
Débrosser
Débotter
Déboucher
Déboucler
Débouillir
Déboucquer
Débourber
Débourgeoiser
Débourrer
Débourser
Déboutonner
Débraiser
Dire
Diriger
Discaler
Discerner
Discipliner
Discontinuer
Disconvenir
Discorder
Discourir
Disculper
Discuter
Disgracier

Disjoindre
Disloquer
Disparaître
Disperser
Disposer
Disputailler
Disputer
Disséminer
Disserter
Dissimuler
Dissiper
Dissoudre
Dissuader
Distendre
Distiller
Distinguer
Distraire
Distribuer
Divariquer
Diversifier
Divertir
Diviniser
Diviser
Divorcer
Divulguer
Dîmer
Dogmatiser
Doigter
Doler
Domestiquer
Dominer
Donner
Dorer
Dorloter
Dormir
Doter
Doubler
Doucher
Douer
Douter
Drageonner
Draguer
Draper
Drayer
Dréger
Dresser
Driller
Droguer
Duire
Dulcifier
Duper
Dupliquer
Durcir

De la lettre E.

Nomenclature de tous les chefs de famille des mots usités commençant par E.

Observation. — La lettre *E* se prononce de plusieurs manières et prend trois genres d'accents : *é, è, é.*

Ébarber
Ébaucher
Ébéner
Ebertauder
Ébêtir
Éborgner
Ébotter
Ébourgeonner
Ébourrer
Ébousiner
Ébrancher
Ébranler
Ébraser
Ébrécher
Ébréner
Ébrouer
Ébruiter
Écacher
Écaler
Écanguer
Écarbouiller
Écarquiller
Écarteler
Écarter
Écatir
Échafauder
Échalasser
Échampir
Échancrer
Échanger
Échantillonner
Échanvrer
Échardonner
Écharner
Écharper
Échauder
Échauffer
Échiner
Échoir
Échopper
Échouer
Éclabousser
Éclaircir
Éclater
Éclipser
Éclisser
Éclore
Écobuer
Éconduire
Économiser
Écorcher
Écorner
Écornifler
Écouter

Écouvillonner
Écrancher
Écraser
Écrémer
Écrêter
Écrire
Écrouir
Écroûter
Écuisser
Éculer
Écumer
Écurer
Écussonner
Édenter
Édifier
Édulçorer
Éfaufiler
Effacer
Effaner
Effarer
Effaroucher
Effectuer
Efféminer
Effeuiller
Effigier
Effiler
Effioler
Efflanquer
Effleurer
Effleurir
Effondrer
Effrayer
Effriter
Effumer
Égaler
Égaliser
Égarer
Égayer
Églander
Égoger
Égoïser
Égorger
Égosiller
Égoutter
Égrapper
Égratigner
Égravillonner
Égrener
Égriser
Égruger
Égueuler
Éhouper
Éjamber
Éjarrer
Élaborer
Élaguer
Élargir
Électriser
Élever
Élider
Élinguer
Élire
Éloigner
Élonger
Éluder
Émailler
Émanciper
Émaner
Émarger
Embabouiner
Emballer
Embariller
Embarquer
Embarrasser
Embâter
Embaucher
Embaumer
Embéguiner
Embellir
Emblaver
Embler
Emboiser
Emboîter
Embordurer
Embosser
Emboucher
Embouer
Embouffeter
Embouquer
Embourrer

Embouser
Embraquer
Embraser
Embrasser
Embréner
Embruner
Embréver
Embrocher
Embrouiller
Embrancher
Embrunir
Émender
Émerveiller
Émétiser
Émettre
Émeuter
Émier
Émietter
Émigrer
Éminger
Emmagasiner
Emmaigrir
Emmaillotter
Emmancher
Emmarer
Emmariner
Emmener
Emmenotter
Emmeuler
Emmieller
Emmitoufler
Emmortaiser
Emmuseler
Émolumenter
Émonder
Émorfiler
Émotter
Émoucher
Émoudre
Émoustiller
Émouvoir
Empailler
Empaler
Empanacher
Empanner
Empaqueter
Empasteler
Empâmer
Empaumer
Empêcher
Empenner
Empester
Empêtrer
Empiffrer
Empirer
Emplater
Emplir
Employer
Empocher
Empoisonner
Empoissonner
Emporter
Empreindre
Emprisonner
Empoter
Empouper
Empourprer
Emprunter
Empuanter
Énarbrer
Encadrer
Encager
Encaisser
Encapper
Encaquer
Encoindre
Enchaîner
Enchanter
Enchaper
Enchaperonner
Enchâsser
Enchausser
Enchevêtrer
Enchifrener
Ébahir
Ébaucher
Ébéner
Ébertauder
Ébêtir
Ébotter

Ébouillir
Ébouler
Ébougeonner
Endetter
Endêver
Endommager
Endormir
Endosser
Enduire
Endurer
Énerver
Enfaîter
Enfanter
Enfariner
Enféer
Enfermer
Enfiler
Enflammer
Enfler
Enfolier
Enfoncer
Enforcir
Enfourcher
Enfourner
Enfreindre
Enfroquer
Enfuir
Enfumer
Engager
Engaîner
Engaller
Engaver
Engendrer
Enger
Englober
Engloutir
Engluer
Engoncer
Engorger
Engouer
Engouler
Engourdir
Engrainer
Engraisser
Engranger
Engraver
Engrener
Enhardir
Enharnacher
Enivrer
Enjabler
Enjaler
Enjalouser
Enjamber
Enjaveler
Enjoindre
Enjôler
Enjoliver
Enlacer
Enlaidir
Enlarmer
Enlarmer
Enlever
Enligner
Enluminer
Ennoblir
Ennuyer
Ennoiseler
Énoncer
Enorgueillir
Énouer
Enquérir
Enraciner
Enrager
Enrayer
Enrégimenter
Enregistrer
Enrhumer
Enrichir
Enrôler
Enrouer
Enrouiller
Enrouler
Ensablar
Ensacher
Ensaisiner
Ensanglanter
Enseigner
Ensemencer
Enserrer

Ensevelir
Ensimer
Ensorceler
Ensoufrer
Ensoyer
Entacher
Entailler
Entasser
Entendre
Enter
Entiréner
Enterrer
Entêter
Enthousiasmer
Enticher
Entoiser
Entonner
Entortiller
Entourer
Entraîner
Entraver
Entrecouper
Entre-frapper
Entr'égorger
Entrelacer
Entrelarder
Entreluire
Entremêler
Entremettre
Entrenuire
Entrepercer
Entreposer
Entrepousser
Entreprendre
Entrer
Entre-répondre
Entre-secourir
Entre-suivre
Entretenir
Entre-tuer
Entrevoir
Entr'ouvrir
Énumérer
Envahir
Envaler
Envélioter
Envelopper
Envenimer
Enverguer
Envieillir
Envier
Environner
Envoler
Envoyer
Épaisser
Épaissir
Épamprer
Épandre
Épanouir
Éparer (s')
Épargner
Éparpiller
Épauler
Épeler
Épicer
Épier
Épigeonner
Épiloguer
Épisser
Éplaigner
Éplucher
Épointer
Éponger
Époudrer
Épouffer (s')
Épouiller
Époumoner
Épousseter
Époutier
Épouvanter
Épreindre
Éprendre (s')
Éprouver
Épucer
Épuiser
Épurer
Équarrir
Équipoller
Équivaloir
Équivoquer

Érafler
Érater
Éreinter
Ergoter
Ériger
Érucir
Escadronner
Escalader
Escamoter
Escarbouiller
Escarmoucher
Escamper
Escocher
Escompter
Escorter
Escrimer
Escroquer
Espacer
Espadonner
Espalmer
Esparer
Espérer
Espionner
Esquisser
Esquiver
Essaimer
Essanger
Essarder
Essarter
Essayer

Essimer
Essoriller
Essoucher
Essouffler
Essourisser
Essuyer
Estafilader
Estamper
Estampiller
Ester
Estimer
Estocader
Estomaquer(s')
Estomper
Estramaçonner
Estrapader
Estraper
Estropier
Établer
Établir
Étager
Étaler
Étalonner
Étamer
Étamper
Étancher
Étançonner
Éteindre
Étendre
Éterniser

Étêter
Étiqueter
Étirer
Étoffer
Étoiler
Étouffer
Étouper
Étourdir
Étrangler
Étraper
Étraquer
Être
Étrécir
Étreindre
Étrenner
Étrésillonner
Étriller
Étronçonner
Étrousser
Étuver
Évangéliser
Évanouir (s')
Évaporer
Évaser
Éviller
Éventer
Éventrer
Éverdumer
Éverrer
Évertuer (s')

Évider
Évincer
Éviter
Exagérer
Exalter
Examiner
Exaspérer
Exaucer
Excaver
Exceller
Excepter
Exciper
Exciter
Exclure
Excommunier
Excorier
Excrucir
Excuser
Exécrer
Exécuter
Exempter
Exercer
Expolier (s')
Exhaler
Exhausser
Exhéréder
Exhiber
Exhorter
Exhumer
Exiger
Exister
Exorciser
Expatrier
Expectorer
Expédier
Expeller
Expérimenter
Expier
Expirer
Expliquer
Exploiter
Exporter
Exprimer
Exproprier
Expulser
Exsuder
Extasier
Exténuer
Exterminer
Extirper
Extorquer
Extraire
Extravaser (s')
Exulcérer
Exulter

De la lettre F.

Nomenclature de tous les chefs de famille des mots usités commençant par F.

Observation. — La lettre *F* est souvent remplacée par *ph*.

Fabriquer
Facetter
Fâcher
Faciliter
Façonner
Fager
Fagoter
Faiblir
Faillir
Fainéanter
Faire
Faisander (se)
Falaiser
Falloir
Falquer
Falsifier
Familiariser
Fanatiser
Faner
Farcir
Farder
Farfouiller
Fariner
Fasier
Fatiguer
Fauberter
Faucher
Fauder
Faufiler
Fausser
Favoriser
Féconder
Fédéraliser
Féer
Fêler
Féliciter
Féminiser
Fendre
Férir
Ferler
Fermenter
Fermer
Ferrailler
Fertiliser
Fesser
Festiner
Festonner
Festoyer
Fêter
Feuiller
Feuilleter
Feutrer
Fiancer
Ficher
Fieffer
Fier
Figer

Figurer
Fignoler
Filer
Filouter
Filtrer
Financer
Finasser
Finir
Fixer
Flageller
Flagorner
Flamber
Flamboyer
Flanquer
Flatter
Fleurer
Finquer
Flotter
Fluer
Flûter
Foirer
Foisonner
Fomenter
Foncer
Fonctionner
Fonder
Fondre
Forcer
Forclore
Forer
Forfaire
Forger
Forjurer
Forlancer
Forligner
Forlonger
Formaliser (se)
Formuler
Fornouer
Fortifier
Fortitrer
Fortraire
Fossoyer
Fouailler
Foudroyer
Fouetter
Fouger
Fouiller
Fouir
Fouler
Fourber
Fourbir
Fourgonner
Fourmiller
Fournir
Fourrager
Fourrer
Fourvoyer
Fracasser
Fracturer
Fraîchir
Fraiser
Framboiser
Franchir
Franciser
Franger
Fraterniser
Frayer
Fredonner
Frelater
Frémir
Fréquenter
Fréter
Frétiller
Fricasser
Frictionner
Fringuer
Friper
Friponner
Frire
Friser
Frisotter
Frissonner
Froidir
Froisser
Frôler
Froncer
Fronder
Frotter
Frouer

Fructifier
Frustrer
Fulminer
Fruir
Fumer
Fumiger
Fureter
Fuser
Fusiller
Fustiger

De la lettre G.

Nomenclature de tous les chefs de famille de mots commençant par un G.

Observation. — La lettre *G* a le son doux devant *e, i, y,* et dur devant *a, o, u.*

Gabaréer
Gabeler
Gaber
Gabionner
Gâcher
Gaffer
Gager
Galantiser
Galer
Galonner
Galoper
Galvauder
Gambader
Gambiller
Ganer
Gangréner (se)
Ganter
Garantir
Garer
Gargariser
Gargoter
Gargouiller
Garnir
Garrotter
Gaspiller
Gâter
Gauchir
Gaudir (se)
Gaufrer
Gauler
Gausser (se)
Gazer
Gazonner
Gazouiller
Geindre
Gendarmer (se)
Gêner
Généraliser
Gerber

Gérer
Germer
Gésir
Gesticuler
Giboyer
Gigotter
Gîter
Glacer
Glairer
Glaner
Glapir
Glisser
Glorifier
Gloser
Glousser
Gluer
Goailler
Gobeletter
Gober
Goberger (se)
Gobeter
Godailler
Goder
Godronner
Goguenarder
Goinfrer
Gommer
Gonfler
Gorger
Goudronner

Goufonner
Goupillonner
Gourmander
Gourmer
Goûter
Gouverner
Gracier
Gracieuser
Grader
Graduer
Grailler
Grasser
Grandir
Granuler
Grapiller
Grasseyer
Graticuler
Gratifier
Gratter
Graver
Gravir
Graviter
Gréer
Greffer
Grêler
Grêlonner
Grelotter
Greneler
Grener
Grenouiller

Grésiller
Grever
Griffer
Griffonner
Griller
Grimacer
Grimeliner
Grimper
Grisailler
Griser
Grisoler
Grisonner
Griveler
Grogner
Grommeler
Gronder
Grossir
Grossoyer
Grouiller
Grouiner
Grouper
Gruger
Grumeler (se)
Guéder
Guerdonner
Guérir
Guerroyer
Guêtrer
Gueuler
Gueusailler

Gueniller Guigner Guinder
Guenillocher Guillotiner Guiper
Guider

De la lettre H.

Nomenclature de tous les chefs de famille des mots usités commençant par la lettre H.

Observation. — La lettre *H* est muette ou aspirée; muette, elle fait prononcer les mots comme si elle n'y était pas, et aspirée, elle fait prononcer du gosier les voyelles qui la suivent.

Habile
Habiliter
Habiller
Habiter
Habitude
Habituer
Hameçon
Hare
Harmonie
Hast
Héberger
Hébéter
Hébicher
Hécatombe
Hectare
Hectogramme
Hectolitre
Hédra
Hélas
Helvétique
Hémisphère
Hémorragie
Hémorroïde
Herbe
Herbière
Herborisation
Herboriste
Hercule
Hérédité
Hérésie
Hériter
Héritier
Hermétique
Hermine
Herminette
Héroïde

Héroïque	Homonymie	Humecter
Hésiter	Homophonie	Humeur
Hespérie	Honnête	Humide
Heur	Honneur	Humilier
Heure	Honorable	Humus
Heureux	Honoraire	Hutter
Hexagone	Honorer	Hydraulique
Hibride	Hôpital	Hydre
Hier	Horaire	Hydrographe
Hiéroglyphe	Horizon	Hydroscopie
Hilarité	Horloge	Hygiène
Hippogriffe	Hormis	Hygromètre
Hippopotame	Horographie	Hymen
Hirondelle	Horoscope	Hyménée
Hisser	Horreur	Hyperbole
Histoire	Horrible	Hypocrisiste
Historien	Hors	Hypocrisie
Historiographe	Hortolage	Hypocrite
Hiver	Hospice	Hypostase
Hogner	Hospitalité	Hypoténuse
Holocauste	Hôte	Hypothèque
Hombre	Hôtel	Hypothéquer
Homélie	Houblon	Hypothèse
Hométrie	Huile	Hypotypose
Homicide	Huis	Hysope
Hommage	Huissier	Hystérolythe
Homme	Huître	Hystérologie
Hommeau	Humain	Hystiérite
Homogène	Humanité	*Habler
Homonyme	Humble	*Hablerie

*Hache
*Hacher
*Hagard
*Hahé
*Haillon
*Haine
*Hair
*Haire
*Hallage
*Habrené
*Hâle
*Hâler
*Haleter
*Halebarde
*Hallier
*Halographie
*Halois
*Halte
*Halurgie
*Hamac
*Hameau
*Hampe
*Hanche
*Hangar
*Hanneton
*Hanse
*Hansière
*Happe
*Happer
*Haranguer

*Harasser
*Harcher
*Harde
*Hardi
*Hareng
*Harangaison
*Harengère
*Haricot
*Harnacher
*Harpe
*Harper
*Harpie
*Harpin
*Hart
*Hasard
*Hasarder
*Hâte
*Hâter
*Hâtiveté
*Haubans
*Haubergeon
*Hausse
*Hausser
*Haut
*Hauteur
*Hâve
*Havre
*Héler
*Héraut
*Hère

*Hérisser
*Herniaire
*Hernie
*Herser
*Hêtre
*Heurter
*Hibou
*Hideux
*Hiérarchie
*Hime
*Hobereau
*Hoca
*Hoche
*Hochement
*Hochet
*Hollande
*Hollander
*Homard
*Hongre
*Honnir
*Honte
*Hoquet
*Horde
*Hors
*Hotte
*Hotteur
*Hoblonner
*Hurie
*Huer
*Houlette

*Houret
*Houri
*Houssard
*Housser
*Houssette
*Houssières
*Houe
*Houx
*Hoyau
*Hucher
*Hué
*Huée
*Huer
*Huguenot
*Huguenote
*Huitaine
*Huitième
*Hulote
*Hune
*Humer
*Hurler
*Hussard
*Hutin
*Hutte

De la lettre I.

Nomenclature de tous les chefs de famille des mots usités commençant par un I.

Identifier
Idolâtrer
Ignorer
Illuminer
Illustrer
Imaginer
Imbiber
Imiter
Immiscer (s')
Immoler
Immortaliser
Impatienter
Impatroniser (s')
Impêtrer
Implanter
Impliquer
Implorer
Importer
Importuner
Imposer
Imprégner
Imprimer
Improuver
Improviser
Impugner
Imputer
Incagner
Incamérer
Incarcérer
Incarner (s')
Incendier
Incidenter
Inciter
Incliner
Incommoder
Indisposer

Individualiser
Induire
Infatuer
Infecter
Inféoder
Inférer
Infester
Infiltrer (s')
Infirmer
Infixer
Infliger
Influer
Informer
Ingénier (s')
Ingérer
Inhiber
Inhumer
Infuser
Injurier
Innocenter
Innover
Inoculer
Inonder
Inquiéter

Inculper
Insérer
Insinuer
Insister
Insoler
Inspirer
Installer
Instiguer
Insteler
Instituer
Instruire
Instrumenter
Insulter
Insurger
Intabuler
Intégrer
Intercaler
Intercéder
Intercepter
Interdire
Intéresser
Interjeter
Interligner
Interloquer

Interpeller
Interpoler
Interposer
Interpréter
Interroger
Interrompre
Intervenir
Intervertir
Intimer
Intimider
Intriguer
Introduire
Introniser
Inutiliser
Invalider
Invectiver
Inventer
Inventorier
Investir
Invétérer (s')
Inviter
Isoler
Isser
Ivrogner

De la lettre J.

Nomenclature de tous les chefs de famille des mots usités commençant par J.

Observation. — Le *J* a toujours le son doux.

Jabler	Jauger	Jouter
Jaboter	Jaunir	Jubiler
Jachérer	Javeler	Jucher
Jaillir	Jeter	Judaïser
Jalonner	Jeûner	Juger
Jalouser	Joindre	Juguler
Japper	Jointoyer	Juiver
Jardiner	Joncher	Jumeler
Jargonner	Jongler	Jurer
Jaser	Joaillier	Justicier
Jasper	Jouer	Justifier

De la lettre K.

La lettre *K* ne forme pas de chefs de famille de mots, attendu qu'elle ne s'emploie que dans les mots étrangers; que dans certains mots elle a été remplacée par le *C*. Du reste, elle a toujours le son dur.

De la lettre L.

Nomenclature de tous les chefs de famille des mots usités commençant par L.

OBSERVATION. — La lettre *L* a quelquefois le son dur et d'autres fois le son mouillé.

Labourer	Laper	Lésiner
Lacer	Lapider	Lessiver
Lacérer	Lander	Leurrer
Lâcher	Languer	Lever
Laisser	Larmoyer	Leviger
Lambiner	Lasser	Liaisonner
Lambrisser	Latter	Liarder
Lamenter	Layer	Libeller
Laminer	Lécher	Libertiner
Lancer	Légaliser	Licencier
Langueyer	Légitimer	Liciter
Languir	Léguer	Lier
Lanterner	Lénifier	Liguer
Lantiponner	Léser	Limer

Limiter
Limoner
Liquéfier
Lire
Liserer
Lisser
Liser
Locher
Lofer
Loger
Longer
Lorgner
Lotir
Louanger
Loucher
Louer
Lourer
Louver
Louveter
Louvoyer
Lover
Luire
Lustrer
Luter
Lutiner
Lutter
Luxer

De la lettre M.

Nomenclature de tous les chefs de famille des mots usités commençant par M.

Observation. — La lettre *M* est la plus douce de toutes les consonnes et elle se prononce du bout des lèvres.

Macérer
Mâcher
Machiner
Mâchonner
Mâchurer
Maçonner
Macquer
Maculer
Maestraliser
Magnétiser
Magnéfier
Mailler
Mailloter
Maintenir
Maîtriser
Malaxer
Malfaire
Maltraiter
Malverser
Mander
Manger
Manier
Manifester
Manigancer

Manœuvrer
Manquer
Manufacturer
Maquignonner
Marauder
Marbrer
Marchander
Marcher
Margoter
Marger
Marier
Mariner
Marmonner
Marmotter
Marner
Maroufler
Marquer
Marqueter
Marronner
Maroquiner
Marteler
Martyriser
Massacrer
Mastiquer
Matelasser
Mâter
Mâtiner
Maudire
Maugréer
Mécher
Mécompter (se)
Méconnaître
Médeciner
Médicamenter
Médire
Méditer
Méfaire
Méfier (se)
Mélanger
Mêler
Menacer
Ménager
Mendier
Mener
Mentionner
Mentir
Mépriser
Mériter
Mésallier
Mésarriver
Mésavenir
Mésestimer
Mésoffrir
Messeoir
Mesurer
Métalliser
Métamorphoser
Métaphysiquer
Mettre
Meubler
Meurtrir
Mévendre
Miauler
Mignarder
Mignoter
Militer
Minauder
Miner
Minéraliser
Minuter
Mirer
Mitiger
Mobiliser
Modeler
Modérer
Moderner
Modifier
Moduler
Moisir
Moissonner
Molester
Mollir
Modifier
Mounayer
Monter
Montrer
Moraliser
Morceler
Mordiller
Mordre

Morfondre
Morguer
Morigéner
Mortifier
Motiver
Motter (se)
Moucher
Moucheter
Moudre
Mouiller
Mouler
Mourir
Mousser
Moutonner
Mouver
Moyenner
Mugir
Mugueter
Muloter
Multiplier
Municipaliser
Munir
Murer
Mûrir
Murmurer
Muser
Musquer
Mutiler
Mystifier

De la lettre N.

Nomenclature de tous les chefs de famille des mots usités commençant par un N.

Nager
Naître
Nantir
Narguer
Narrer
Nasarder
Nasiller
Nasillonner
Natter
Naturaliser
Naviguer
Navrer
Nécessiter
Négliger
Négocier
Neiger
Nettoyer
Neutraliser
Niaiser
Nicher
Nieller
Nier
Nigauder
Nipper
Niveler
Noircir
Nombrer

Nommer
Nonupler
Noter
Notifier
Nouer
Nourrir
Noyer
Nuancer
Nuer
Nuire
Numéroter

De la lettre O.

Nomenclature de tous les chefs de famille des mots usités commençant par O.

Obéir
Obiner
Obliser
Oblitérer
Obombrer
Obscurcir
Obséder
Observer
Obstiner
Obstruer
Obtempérer
Obtenir
Obvier
Occasionner
Occire
Occuper
Octroyer
Officier
Offrir
Offusquer
Oindre
Oiseler
Ombrager
Ombrer
Omettre
Ondoyer
Opérer
Opiler
Opiner
Opiniâtrer
Opposer
Oppresser
Opprimer
Opter
Ordonner
Organiser
Orcansiner
Orienter
Orner
Orthographier
Oseiller
Oser
Ossifier
Oter
Ouater

Oublier
Ouiller
Ouïr
Ourdir
Ourler
Outrager
Outre-passer
Outrer
Ouvrir

De la lettre P.

Nomenclature de tous les chefs de famille des mots usités commençant par P.

OBSERVATION. — La lettre *P*, devant un *h*, se prononce comme *f*.

Pacager
Pacifier
Pagayer
Paître
Pâlir
Palissader
Palisser
Pallier
Palper
Palpiter
Pâmer
Panacher
Panader (se)
Paner
Panser
Panteler
Paperasser
Papillonner
Papilloter
Parachever
Paralyser
Parangonner
Parcourir
Pardonner
Parer
Parfaire
Parfiler
Parfournir
Parfumer
Parier
Parjurer (se)
Parler
Parodier
Paraître
Parqueter
Parsemer
Partager
Partialiser (se)
Participer

Particulariser
Partir
Parvenir
Passager
Passementer
Passer
Passionner
Patauger
Pateliner
Patienter
Patiner
Pâtir
Pâtissier
Patrociner
Patronner
Patrouiller
Pâturer
Paumer
Pauser
Pavaner (se)
Paver
Pavoiser
Payer
Pécher
Pédenter
Pédentiser
Peigner
Peindre
Peiner
Peinturer
Peler
Peloter
Pelotonner
Pelucher
Pencher
Pendiller
Pénétrer
Penser
Pensionner
Pépier
Percer
Percevoir
Percher
Perdre
Perfectionner
Perforer
Péricliter
Périmer
Périphraser
Périr
Permettre
Permuter
Perpétrer
Perpétuer
Persécuter
Persifler
Personnaliser
Personnifier
Persuader
Pertuiser
Pervertir
Peser
Pester
Pétarder
Peter
Pétiller
Pétrifier
Pétrir
Péturer
Peupler
Philosopher
Phlébotomiser
Piaffer
Pialler
Piauler
Picorer
Picoter
Piéter
Piétiner
Pigeonner
Pignocher
Piler
Piller
Pilorier
Piloter
Pincer
Pindariser
Pinter
Piocher
Pioler

Piquer
Pirater
Pirouetter
Piser
Pisser
Pissoter
Pivoter
Placer
Plafonner
Plaindre
Plaire
Plaisanter
Plamer
Planchéier
Planer
Panter
Plaquer
Plastronner
Pleiger
Pleuvoir
Plier
Plisser
Plomber
Plonger
Ploquer
Ployer
Plumer
Pocher
Pocheter
Poétiser
Poignarder
Poindre
Pointer
Pointiller
Poivrer
Policer
Polir
Polissonner
Politiquer
Polluer
Polytyper
Pommader
Pommeler (se)
Pommer
Pomper
Poncer
Porphyriser
Porquer
Portraire
Poser
Posséder
Poster
Postuler
Poudrer
Pouffer
Pouiller
Pouliner
Pourfendre
Poursuivre
Pourvoir
Pousser
Pouvoir
Praliner
Pratiquer
Précautionner
Précéder
Prêcher
Précipiter
Préciser
Précompter
Prédécéder
Prédestiner
Prédéterminer
Prédire
Prédisposer
Prédominer
Préexister
Préfinir
Préjudicier
Préjuger
Préléguer
Prêler
Prélever
Préluder
Préméditer
Prémunir
Prendre
Préoccuper
Préopiner
Préparer

Préposer
Présager
Prescrire
Présenter
Préserver
Présider
Pressentir
Presser
Pressurer
Présumer
Présupposer
Prétendre
Prêter
Prétexter
Pretintailler
Prévaloir
Prévariquer
Prévenir
Prévoir
Prier
Primer
Priser
Priver

Procéder
Proclamer
Procréer
Procurer
Prodiguer
Produire
Profaner
Proférer
Professer
Profiter
Prohiber
Projeter
Prolonger
Promener
Promettre
Promouvoir
Promulguer
Prôner
Prononcer
Pronostiquer
Propager
Prophétiser

Proposer
Proroger
Prosaïser
Proscrire
Prospérer
Prosterner (se)
Prostituer
Protéger
Protester
Prouver
Provenir
Provigner
Provoquer
Psalmodier
Puer
Pulluler
Pulvériser
Punir
Pupuler
Purifier
Putréfier
Pyramider

De la lettre Q.

Nomenclature de tous les chefs de famille des mots usités commençant par Q.

Observation. — La lettre *Q* a toujours le son dur et est aussi toujours suivie d'un *u*.

Quadrer
Quadrupler
Qualifier
Quereller
Quérir
Questionner
Quêter
Quiller
Quintessencier
Quintupler
Quittancer
Quitter
Quoailler
Quotter

De la lettre R.

Nomenclature de tous les chefs de famille des mots usités commençant par R.

Rabâcher
Rabaisser
Rabattre
Rabêtir
Rabler
Rabonnir
Rabougrir
Raboutir
Rabrouer
Raccoiser
Raccommoder
Raccorder

Raccourcir
Raccoutrer
Raccoutumer(se)
Raccrocher
Rachalander
Racheter
Racler
Racoler
Raconter
Racornir
Racquitter (se)
Rader
Radir
Radoter
Radouber
Radoucir
Raffermir
Raffiner
Raffoler
Raffolir
Rafler
Rafraîchir
Ragaillardir
Ragoter
Ragoûter
Ragrandir
Ragréer
Railler
Raisonner
Rajuster

Ralentir
Râler
Rallier
Rallonger
Rallumer
Ramadouer
Ramasser
Ramender
Ramener
Ramentevoir
Ramer
Ramifier (se)
Ramoitir
Ramollir
Ramoner
Ramper
Ramponer
Rançonner
Ranger
Ranimer
Rapatrier
Râper
Rapetisser
Rapiécer
Rapiéceter
Rapiner
Rappareiller
Rappeler
Rapporter
Rapprendre

Rapprocher
Rapsoder
Raréfier
Raser
Rassasier
Rassembler
Rasseoir
Rasséréner
Rassiéger
Rassoter
Rassurer
Ratatiner (se)
Rateler
Rater
Ratifier
Ratisser
Rattacher
Rattendre
Rattraper
Raturer
Ravager
Ravaler
Ravauder
Ravioter
Ravilir
Raviver
Ravoir
Rayer
Rayonner
Raggraver

Réagir
Réajourner
Réaliser
Réassigner
Rebâtir
Rebattre
Rebaudir
Rebeller (se)
Rebénir
Rebéquer (se)
Rebiffer
Reboire
Reboutonner
Rebrasser
Rebroder
Rebrousser
Rebuter
Recacheter
Récalcitrer
Récapituler
Recéler
Recenser
Receper
Recercler
Recevoir
Réchafauder
Rechampir
Rechanger
Rechanter
Réchapper
Recharger
Rechasser
Réchauffer
Rechausser
Rechercher
Rechigner
Rechoir
Récidiver
Réciter
Réclamer
Réclamper
Recliner
Reclouer
Reclure
Recogner
Recoiffer
Recoler
Recolliger
Récolter
Recommander
Recommencer
Récompenser
Recomposer
Recompter
Réconcilier
Reconduire
Réconforter
Reconfronter
Reconnaître
Reconquérir
Reconstruire
Recontracter
Reconvenir
Reconvoquer
Recopier
Recoquiller
Recorder
Recorriger
Recoucher
Recoudre
Recourir
Recours
Recouvrer
Recouvrir
Recracher
Récréer
Récrépir
Recribler
Récrier (se)
Récriminer
Récrire
Recroître
Recrotter
Recruter
Rectifier
Recueillir
Recuire
Récuser
Redanser
Redemander

Redemeurer	Refouiller	Réhabituer
Redémolir	Refouir	Rehacher
Redescendre	Refouler	Rehanter
Redevenir	Refourbir	Rehausser
Redevoir	Refournir	Réimposer
Rédiger	Réfracter	Réimprimer
Rédimer (se)	Refranchir	Réintégrer
Redire	Refriser	Réitérer
Rediviser	Refroidir	Rejaillir
Redonner	Refrotter	Rejeter
Redonder	Refugier (se)	Rejoindre
Redorer	Refuser	Réjouir
Redoubler	Réfuter	Relâcher
Redouter	Regagner	Relanger
Redresser	Regaillardir	Relater
Réduire	Régaler	Relaxer
Réédifier	Regarder	Relayer
Réélire	Regayer	Reléguer
Refâcher	Régénérer	Relever
Refaire	Régenter	Relier
Refendre	Régir	Relire
Référer	Régler	Relouer
Refermer	Réguer	Reluire
Réfléchir	Regonfler	Reluquer
Refléter	Regorger	Relustrer
Refleurir	Regouler	Remacher
Refluer	Regratter	Remanier
Refonder	Regretter	Remarier
Refondre	Régulariser	Remarquer
Réformer	Réhabiliter	Rembarquer

Rembarrer
Remblayer
Remboîter
Rembouger
Rembourrer
Rembourser
Rembrunir
Remédier
Remémorer
Remener
Remercier
Remésurer
Remettre
Remmener
Remonter
Remontrer
Remondre
Remorquer
Remoudre
Remouiller
Rempailler
Rempaqueter
Remplacer
Remplir
Remplumer
Rempoissonner
Remporter
Remprunter
Remuer
Rémunérer

Renaître
Renasquer
Rencaisser
Renchérir
Renclouer
Rencontrer
Rencorser
Rencourser
Rendormir
Rendoubler
Rendre
Réduire
Rendurcir
Rénetter
Renettoyer
Renfaîter
Renfermer
Renfiler
Renflammer
Renfler
Renfoncer
Renforcer
Rengager
Renguiner
Rengraisser
Rengreger
Rengrener
Renhardir
Renier
Renifler

Reniveler
Renommer
Renoncer
Renouer
Renouveler
Renseigner
Renter
Rentoiler
Rentraire
Renverser
Renvoyer
Réoccuper
Réordonner
Réorganiser
Répaissir
Repaître
Répandre
Réparer
Reparaître
Repartir
Repasser
Repêcher
Repeindre
Repentir
Répercuter
Reperdre
Répétailler
Répéter
Repeupler
Replacer

Replanter
Replâtrer
Replier
Répliquer
Replisser
Repomper
Répondre
Reporter
Reposer
Repouster
Reprendre
Représenter
Réprimer
Reprocher
Reproduire
Réprouver
Répudier
Répugner
Repurger
Réputer
Requérir
Requinquer
Réquiper
Resacrer
Rescinder
Réserver
Résider
Résigner
Résilier
Résister
Résonner
Résoudre
Respecter
Respirer
Resplendir
Ressasser
Ressembler
Ressemeler
Ressentir
Resserrer
Ressortir
Ressouvenir
Ressuer
Ressusciter
Ressuyer
Restaurer
Rester
Restituer
Restreindre
Résulter
Résumer
Rétablir
Retaper
Retarder
Retenir
Retentir
Retirer
Retoiser
Retomber
Retondre
Retordre
Rétorquer
Retoucher
Retourner
Retracer
Rétracter
Retraire
Retrancher
Retravailler
Rétrécir
Rétreinte
Rétriller
Rétrocéder
Rétrograder
Retrousser
Retrouver
Rétudier
Réunir
Réussir
Revaloir
Revancher
Rêvasser
Réveiller
Révéler
Revendiquer
Revendre
Revenir
Reventer
Rêver
Réverbérer

Revercher
Reverdir
Révérer
Revernir
Reverser
Revêtir
Revider
Revirer
Revivifier
Revivre
Revoir
Révolter
Révolutionner
Revomir
Révoquer
Revoyager
Rhabiller
Riboter
Ricaner
Rider
Ridiculiser
Rimailler
Rimer
Rincer
Rioter
Riposter
Rire
Riser
Risquer
Rissoler
Rivaliser
River
Rôder
Rogner
Rognonner
Rôler
Rompre
Rondiner
Ronfler
Ronger
Roquer
Rosser
Rossignoler
Roter
Rôtir
Rouanner
Roucouler
Rouer
Rouiller
Rouir
Rouler
Roupiller
Roussir
Routailler
Routinier
Rouvrir
Rudoyer
Ruer
Rugir
Ruiner
Ruisseler
Ruminer
Ruser
Rustiquer

De la lettre S.

Nomenclature de tous les chefs de famille des mots usités commençant par S.

Observation. — La lettre *S*, seule entre deux voyelles, se prononce comme *z*, et, lorsqu'elle est doublée, elle a le son de *s* ou *c* doux.

Sabbatiser	Sangler	Savourer
Sabler	Sangloter	Sécher
Sablonner	Saponifier	Seconder
Saboter	Sarcler	Secourir
Sabrenauder	Satiner	Séculariser
Sabrer	Satiriser	Séduire
Saccader	Satisfaire	Seller
Saccager	Saturer	Semer
Sacrer	Saucer	Semondre
Sacrifier	Sauner	Sentencier
Safraner	Saupoudrer	Sentir
Saigner	Saurer	Seoir
Saillir	Sauter	Séparer
Saler	Sautiller	Septupler
Salir	Sauver	Séquestrer
Saluer	Saveter	Sérancer
Sanctifier	Savoir	Sergenter
Sanctionner	Savonner	Seringuer

Sermonner
Serpenter
Serper
Serrer
Sertir
Servir
Sevrer
Sextupler
Siffler
Signaler
Signer
Siller
Sillonner
Simplifier
Singulariser
Siroter
Situer
Soigner
Soixanter
Solfier
Solliciter
Sombrer
Sommeiller
Sommer
Sonder
Songer
Sonnailler
Sonner
Sortir
Soucier (se)
Souder
Soudoyer
Soudre
Souffler
Souffleter
Souffrir
Souhaiter
Souiller
Soulager
Souler
Soulever
Souligner
Soumettre
Soumissionner
Soupçonner
Souper
Soupeser
Soupirer
Sourciller
Sourdre
Sourire
Souscrire
Sous-entendre
Sous-fermer
Sous-louer
Soussigner
Soustraire
Sous-traiter
Soutenir
Soutirer
Souvenir (se)
Subdiviser
Subir
Subjuguer
Sublimer
Subordonner
Suborner
Subsister
Substituer
Subtiliser
Subvenir
Subvertir
Succéder
Succomber
Sucer
Suçoter
Sucrer
Suer
Suffire
Suffoquer
Suggérer
Suicider (se)
Suinter
Suivre
Super
Superséder
Supplanter
Suppléer
Supplier
Supporter

Supprimer
Suppurer
Surabonder
Suracheter
Sur-aller
Suranner
Surcharger
Surcroître
Surdorer
Surenchérir
Surfaire
Surfleurir
Surgir
Surhausser
Surjeter
Surmener
Surmonter
Surnager
Surnommer
Surpayer
Surplomber
Surprendre
Sursemer
Surseoir
Surtaxer
Surtondre
Surveiller
Survendre
Survenir
Surventer
Survêtir
Survider
Survivre
Suspecter
Suspendre
Sustenter
Syllaber
Symboliser
Symétriser
Sympathiser
Syncoper

Sbire
Scabellon
Scabreux
Scalène
Scandale
Scander
Scaphandre
Scapulaire
Scaramouche
Scare
Scarifier
Scarlatine
Scazon
Sceau
Scélérat
Sceller
Scène
Scénographie
Scepticisme
Sceptique
Sceptre
Schabraque
Schako
Schall
Schelling
Schène
Schisme
Sciatérique
Sciatique
Scie
Sciemment
Science
Scieur
Scintiller
Sciographique
Scission
Scolaire
Scorbut
Scorie
Scorifier
Scorpion
Scouffin
Scribe
Scripteur
Scrofulaire
Scrotocèle
Sculpter
Scrutin

Squammeuse
Squelette
Squinancie
Squine
Squirrheux
Stabilité
Stable
Stachys
Stade
Stage
Stagiaire
Stagnant
Stagnation
Stalle
Staminaire
Stampe
Stance
Stase
Statuder
Station
Stationner
Statique
Statuaire
Statue
Statuer
Statu-quo
Stature
Statite
Sténographie
Stérile
Sternum
Stigmatiser
Stilbe
Stimuler
Stipendier
Stipuler
Stoch-fisch
Stoïcien
Stoïque
Stomacal
Store
Strangulation
Strass
Stratagème
Stratégique
Strict
Stupéfait
Stupidité
Style
Stylet
Spacieux
Spadassin
Spahis
Spasme
Spécial
Spécialité
Spécifique
Spectacle
Spectateur
Spencer
Sperme
Sphacèle
Sphénède
Sphérique
Sphéroïde
Sphinx
Spica
Spicilège
Spiration
Spiritualité
Spiritueux
Splendeur
Splendide
Splénique
Spode
Spoliateur
Spoliation
Spondaïque
Spondée
Spondyle
Spongieux
Spongite
Spontané
Spontanéité
Sporadique
Sputation

De la lettre T.

Nomenclature de tous les chefs de famille des mots usités commençant par T.

Observation. — La lettre *T* a l'articulation forte, par rapport au *d*, qui l'a faible, et se prononce souvent comme *c* doux.

Tabiser	Tapoter	Tempérer
Tabler	Taquer	Tempêter
Tacher	Taquiner	Temporiser
Tacheter	Taquonner	Tenailler
Taillader	Tarabuster	Tendre
Tailler	Tarauder	Tendrifier
Taire	Tarder	Tenir
Taller	Tarer	Tenter
Talonner	Targuer (se)	Terminer
Taluter	Tarifer	Ternir
Tambouriner	Tarir	Terrasser
Tamiser	Tartufier	Terreauter
Tamponner	Tâter	Terrir
Tancer	Tâtonner	Terrorifier
Tanguer	Tatouer	Terroriser
Tanner	Taveler	Tester
Taper	Taxer	Téter
Tapisser	Témoigner	Thésauriser

Tiédir
Tiercer
Tignonner
Timbrer
Tintamarrer
Tinter
Tiquer
Tirailler
Tirasser
Tirer
Tiser
Tisonner
Tisser
Tistre
Titiller
Titrer
Toiser
Tolérer
Tomber
Tomer
Tondre
Tonneler
Tonner
Tonsurer
Tôper
Toquer
Torcher
Torréfier
Tortiller
Tortuer
Torturer
Toster
Touer
Toupiller
Tourmenter
Tournailler
Tournasser
Tourner
Tousser
Tracasser
Tracer
Traduire
Trahir
Traîner
Traire
Traiter
Tramer
Tranquilliser
Transcrire
Transférer
Transfigurer
Transformer
Transfuser
Transgresser
Transiger
Transir
Transmuer
Transpercer
Transpirer
Transplanter
Transporter
Transposer
Transsubstantier
Transsuder
Transvaser
Transvider
Traquer
Travailler
Traverser
Travestir
Trébucher
Tréfiler
Tréfler
Treillager
Treillisser
Trélinguer
Trembler
Trembloter
Trémousser(se)
Tremper
Trépaner
Trépasser
Trépigner
Tressaillir
Tressauter
Tresser
Tricher
Tricoter
Trier
Trigauder

Trimbaler
Trimer
Tringler
Triompher
Tripler
Tripoter
Trôler
Trompéter
Tronçonner
Troquer
Trotter
Trottiner
Troubler
Trouer
Trousser
Trouver
Truander
Trucher
Tuméfier
Turlupiner
Tutoyer
Tympaniser
Tyranniser

De la lettre U.

Nomenclature de tous les chefs de famille des mots usités commençant par U.

Ulcérer
Unir
Uriner
User
Usurper
Utiliser

De la lettre V.

Nomenclature de tous les chefs de famille des mots usités commençant par un V.

Observation. — La lettre *V* a le son doux par rapport à l'*f*.

Le *W* n'appartient pas à la langue française. Tous les mots dans lesquels il s'emploie sont ou anglais ou allemands.

Vacciner	Veiller	Vergeter
Vaciller	Vêler	Verglacer
Vagabonder	Velter	Vérifier
Vaguer	Vendanger	Vermiller
Vaigrer	Vendre.	Vernisser
Vaincre	Vener	Verrouiller
Valeter	Vénérer	Verser
Valider	Venger	Versifier
Valoir	Venir	Vespériser
Valser	Venter	Vesser
Vanner	Ventiler	Vétiller
Vanter	Ventililler	Vêtir
Vantiller	Ventouser	Vexer
Vaquer	Verbaliser	Viander
Varander	Verbiaser	Vibrer
Varier	Verdir	Vicarier
Vautrer (se)	Verdoyer	Vicier
Végéter	Verguer	Vider

Vidimer
Vieillir
Vieller
Vinaigrer
Violenter
Violer
Virer
Viser
Visiter
Vitrer
Vitrifier
Vitrioliser
Vitupérer
Vivifier
Vivoter
Vivre
Voguer
Voiler
Voir
Voisiner
Volatiliser
Volcaniser
Voler
Voleter
Volter
Voltiger
Voluter
Vomir
Voguer
Voter
Vouer
Vouloir
Voûter
Voyager
Vréder
Vriller

De la lettre X.

Cette lettre, plutôt grecque que française, se prononce tantôt *ks* ou tantôt *gz*. Elle n'est, au surplus, chef d'aucune famille de mots français.

De la lettre Y.

Cette lettre est employée soit pour un *i*, soit pour deux. Elle ne forme aucun chef de famille.

De la lettre Z.

Cette lettre se prononce partout comme *s* entre deux voyelles et n'est le chef d'aucune famille de mots.

VERBE AUXILIAIRE *ÊTRE*.

INDICATIF PRÉSENT.

Je suis.
Tu es.
Il est.
Nous sommes.
Vous êtes.
Ils sont.

IMPARFAIT.

J'étais.
Tu étais.
Il était.
Nous étions.
Vous étiez.
Ils étaient.

PASSÉ DÉFINI.

Je fus.
Tu fus.
Il fut.
Nous fûmes.
Vous fûtes.
Ils furent.

PASSÉ INDÉFINI.

J'ai été.
Tu as été.
Il a été.
Nous avons été.
Vous avez été.
Ils ont été.

PASSÉ ANTÉRIEUR.

J'eus été.
Tu eus été.
Il eut été.
Nous eûmes été.
Vous eûtes été.
Ils eurent été.

PLUS QUE PARFAIT.

J'avais été.
Tu avais été.

Il avait été.
Nous avions été.
Vous aviez été.
Ils avaient été.

FUTUR.

Je serai.
Tu seras.
Il sera.
Nous serons.
Vous serez.
Ils seront.

FUTUR ANTÉRIEUR.

J'aurai été.
Tu auras été.
Il aura été.
Nous aurons été.
Vous aurez été.
Ils auront été.

CONDITIONNEL PRÉSENT.

Je serais.
Tu serais.
Il serait.
Nous serions.
Vous seriez.
Ils seraient.

PASSÉ.

J'aurais été.
Tu aurais été.
Il aurait été.
Nous aurions été.
Vous auriez été.
Ils auraient été.

On dit aussi :

J'eusse été.
Tu eusses été.
Il eût été.
Nous eussions été.
Vous eussiez été.
Ils eussent été.

IMPÉRATIF.

Sois.
Soyons.
Soyez.

SUBJONCTIF PRÉSENT OU FUTUR.

Que je sois.
Que tu sois.
Qu'il soit.
Que nous soyons.
Que vous soyez.
Qu'ils soient.

IMPARFAIT.

Que je fusse.
Que tu fusses.
Qu'il fût.
Que nous fussions.
Que vous fussiez.
Qu'ils fussent.

PASSÉ.

Que j'aie été.
Que tu aies été.
Qu'il ait été.
Que nous ayons été.
Que vous ayez été.
Qu'ils aient été.

PLUS-QUE-PARFAIT.
Que j'eusse été.
Que tu eusses été.
Qu'il eût été.
Que nous eussions été.
Que vous eussiez été.
Qu'ils eussent été.

FORMATION DES HOMONYMES.

Observation. — Homonyme est un mot grec qui veut dire mot qui ressemble à un autre.

Abbesse du couvent. — Abaisse, partie basse.
Aboi, cri du chien. — Abois, position difficile.
Aine, joint à la cuisse. — Haine, antipathie.
Alène, pour piquer. — Haleine, respiration.
Amande, fruit. — Amende, condamnation.
Autel d'église. — Hôtel, grande maison.
Auteur, homme de lettres. — Hauteur, élévation.
Appât, pâture. — Appas, charme.
Aile d'un oiseau. — Elle, de lui.
Aulx, pluriel d'ail. — Haut, élevé.

Beau, de belle. — Baux, de bail.
Ban, de bannir. — Banc, de banquette.
Balle d'un fusil. — Bâle, ville.
Bière, boisson. — Bière, cercueil.
Bon, de bonne. — Bond, de sauter.
But, point où l'on vise. — Butte, élévation.

Chaire du prédicateur. — Chère, nourriture.
Clair, qui n'est pas trouble. — Clerc de notaire.
Camp, de camper. — Quand, lorsque.
Crin, de crinière. — Crains, de craindre.
Cri, plainte. — Cric, machine.

Chaud, de chaude. — Chaux, de ciment.
Cadre, d'un tableau. — Quadre, désaccord.
Canaux, pluriel de canal. — Canot, bateau.
Carte à jouer. — Quarte de musique.
Clause, de condition. — Close, fermeture.
Collet d'un habit. — Collait, avec de la colle.
Comte, titre. — Conte, fable. — Compte de sous.
Cors aux pieds. — Corps d'un homme.
Cygne, animal. — Signe, remarque.
Chaîne de fer. — Chêne, arbre.

Dais, ornement d'église. — Dès, adverbe.
Danse, de bal. — Dense, épais, compacte.
Date, d'époque. — Datte, fruit.
Déçu d'espérance. — Dessus, partie supérieure.
Délacer un corset. — Délasser, reposer.
Doigt de la main. — Doit, de dette.

Écho, répétition de son. — Écot à payer.
Enter, greffer. — Hanter, fréquenter.
Etre-Suprême. — Hêtre, arbre.
Eure, rivière. — Heure d'horloge.

Faim, besoin de manger. — Feins, dissimuler.
Faix, de fardeau. — Fait, faire.
Faux, qui n'est pas vrai. — Faulx, pour faucher.
Fard, couleur factice. — Phare, lanterne.
Fléau, pour battre le blé. — Fléau, désolation.
Foret pour percer du fer. — Forêt, bois.

Gaz, de chimie. — Gaze, tissu léger.

Gêne, étroit. — Gênes, ville.
Graisse, opposé au maigre. — Grèce, nation.
Guère, de peu. — Guerre, combattre.

Hôte, qui donne à manger. — Hotte du jardinier.
Hune d'un navire. — Une, de un.

Lac, pièce d'eau. — Lach, mouée.
Laide, féminin de laid. — Leyde, ville.
Laité, hareng mâle. — Léthé, fleuve.
Lisse, unie. — Lice, pour faire l'exercice.
Lieu, d'où l'on vient. — Lieue, quatre kilomètres.
Lire un livre. — Lyre, musique.
Lutte, combat. — Luth, musique.

Main humaine. — Mein, fleuve.
Maire de la commune. — Mère du fils.
Marchand, qui vend. — Marchant, qui marche.
Mètre, mesure. — Maître, propriétaire.
Meurs, de mourir. — Mœurs d'un peuple.
Mur, muraille. — Mûre, fruit.

Naît, de naître. — Net, propre.
Nuit, obscurité. — Nuits, ville.

Pain à manger. — Pin, arbre.
Palais, vaste prison. — Palet à jouer.
Penser, réfléchir. — Panser un malade.
Paris, capitale. — Pari, gageure.
Pâte de farine. — Patte d'animal.
Paume de la main. — Pomme, fruit.

Pène d'une serrure. — Peine, misère.
Plaine, opposé à montagne. — Pleine, non vide.
Poids, lourd. — Pois, légume. — Poix, qui colle.
Pouce, douze lignes. — Pousse, végétation.

Rang, de ranger. — Rend, de rendre.
Ris, de rire. — Riz, légume, aliment.
Romps, de rompre. — Rond, cercle.
Roue de voiture. — Roux, couleur rousse.

Sale, malpropre. — Salle à manger.
Sceptique, qui doute de tout. — Septique, remède.
Soc de la charrue. — Socque, chaussure.
Saule, arbre. — Sole, poisson.
Saut, de sauter. — Sot, de sotte.
Sceau, cachet. — Seau pour l'eau.

Tache d'encre. — Tâche, ouvrage.
Taire, ne pas parler. — Terre, de terrain.
Tante, du neveu. — Tente de toile.
Tors, de tordre. — Tort, injure.
Trop, dépasser. — Trot du cheval.

Vaine, de vanité. — Veines, canaux du sang.
Vend, de vendre. — Vend, qui souffle.
Vil, Vile et méprisable. — Ville, cité.
Voix, un son. — Voie, chemin.

DES RÈGLES PARTICULIÈRES.

Enfin j'ajouterai, pour les personnes qui ont fait leurs études et qui ont oublié les principes par la non pratique ou par n'importe quel motif :

Que devant un B et un P, on doit mettre une M et non une N. Que le *se* marque la possession, et le *ce* la démonstration; que le *ce* s'emploie préférablement à S dans les mots qui ont la forme ronde comme lui.

Que les mots terminés en *é* n'en prennent qu'un au macuslin et deux au féminin, et en prennent également deux dans les qualificatifs de contenu, et un dans les autres; que les noms des nations s'écrivent par *ai* et non par *é*.

Et, conjonction, sert à lier les mots entre eux; *est*, verbe, est la troisième personne du singulier.

Du, article, ne prend pas d'accent; *dû*, participe, prend un accent circonflexe.

Le mot *même*, adjectif, se place devant les noms et devant les pronoms, et est variable.

Même, adverbe, est invariable, et se place après plusieurs noms et après un verbe.

Tous les mots composés au-dessous de cent sont liés par un trait d'union.

La, article ou pronom, ne prend pas d'accent; *là*, adverbe, prend un accent grave.

Leur ne prend pas d'*s* devant un verbe, ni devant un nom singulier, ni immédiatement après un verbe.

Ni est une conjonction qui sert à joindre

des mots entre eux et des phrases entre elles. *N'y* est une contraction qu'on peut remplacer par *cette chose* ou par *ces choses.*

Notre et *votre* sont des adjectifs et ne prennent pas d'accent; *le nôtre* et *le vôtre* sont des pronoms possessifs, et prennent un accent circonflexe.

Sur, préposition, ne prend pas d'accent : Mon chapeau est *sur* la malle. *Sûr*, adjectif, prend un accent : Soyez *sûr* et certain que je viendrai.

Des, article, ne prend pas d'accent; *dès*, préposition, prend un accent grave.

FORMATION DE L'IDIOME.

Les habitants des départements méridionaux de la France, habitués dès leur enfance au patois, trouvent ensuite, quand ils veulent parler français, des difficultés inconnues aux habitants du Nord et du Centre; cependant leur idiome, source de ces difficultés, renferme de très-grands avantages, de même que le grec et le latin, pour trouver les racines et les règles fondamentales de la langue française.

Cela s'explique si l'on réfléchit que les départements du Var, des Bouches-du-Rhône, de Vaucluse, du Gard, et presque toutes les contrées méridionales, ayant été d'abord provinces romaines, ont un langage qui dérive du latin, et qui, par suite de la prépondérance du français, est un mélange dans lequel il y a des mots moitié latin moitié français. On affecta du dédain et du mépris pour l'idiome primitif; et même pour preuve, on voit encore de nos jours les gens les moins lettrés, ceux qui veulent exprimer leur colère par des mots désagréables, recourir à ce langage pour donner à leur indignation un sens plus dur, plus énergique. Ils ne savent pas que les expressions dont ils se servent avec amertume ont presque toutes des racines et des étymologies, origine de toutes les sciences; car les quinze cents règles environ, sur lesquelles reposent les principes de notre langue, en émanent pour la plupart. C'est la source féconde d'où était découlé l'idiome qui, plus tard se mêlant au gaulois, a produit la langue française, laquelle par suite de la puissance et de l'autorité, s'étendant sur toutes les provinces, a pris, malgré son impureté, la place de l'idiome qui l'avait précédée dans des conditions beaucoup plus en rapport avec les langues mères.

C'est ce qui a été cause que les personnes fortunées passent dix années dans un collége, pour apprendre à rendre ce que leurs nourrices les avaient déjà habituées à exprimer par d'autres termes signifiant absolument la même chose ; tandis que d'autres moins aisées passent, de leur côté, quatre ou cinq années dans les écoles primaires pour oublier, ou au moins perdre de vue, les précieux éléments de leur langue maternelle qui leur auraient donné en quelques jours ce qu'ils ne peuvent apprendre en des années, et n'acquerront même pas en toute leur vie par les procédés usités.

La suite va démontrer jusqu'à l'évidence ces déplorables vérités.

Formation des sons identiques par *o* ou par *au*.

Ainsi, par exemple, le mot Baume qui sonne en français comme s'il était écrit Bome, par un *o*.

La lettre *a* est indiquée par le grec Βαλσαμος, par le mot latin ***Balsamum***, par l'idiome méridional Baimé.

Dans le mot Caustique, l'*a* est indiqué par le mot grec Χαστικος, par le mot latin *Causticus,* par le patois Satyrique.

Le mot Faux fait en latin ***Falsum,*** en patois Faou.

Le mot Haut, en latin *Altus,* en patois Haut.

Le mot Mauvais, en latin *Maleficus,* en patois Marri.

Le mot Mauve, en latin ***Malva,*** en patois Maougue.

Le mot Paume de la main, en latin *Palma*, en patois Paoume.

Le mot Paupière, en latin *Palpebra*, en patois Parpelo.

Le mot Pauvre, en latin *Pauper*, en patois Paoure.

Le mot Sauter, en latin *Saltum*, en patois Saouta.

Le mot Sauvage, en italien *Salvaggio*; en patois Saouvaje.

Formation des sons identiques par *e* ou par *ai*.

Le mot Mains, en grec Μακος, en latin *Manus*, en patois Man.

Le mot Caisse, en grec Ταμιας, en latin *Capsa*, en patois Caisse.

Le mot Naître, en latin *Natus*, en patois Naissé.

Le mot Pain, en latin *Panis*, en patois Pan.

Le mot Paître, en latin *Pastura*, en patois Pasture.

Le mot Saint, en latin *Sanctus*, en patois San.

Or, il serait inutile de prolonger ces exemples, puisqu'il suffira d'en saisir le sens pour que chacun puisse soi-même les multiplier à volonté.

Formation des mots avec un accent circonflexe.

Les modifications qu'a subies la langue

française ont fait substituer l'accent circonflexe à la lettre *s*.

Mais cette lettre, exprimée par la prononciation de l'idiome, indique toutes les fois qu'on doit mettre un accent circonflexe. Les mots suivants fixeront l'imagination à cet égard. Or :

Le mot Apre, en patois Asprou.
Le mot Apprêter, en patois Appresta.
Le mot Crête, en patois Cresto.
Le mot Crêpe, en patois Crespo.
Le mot Être, en patois Estre.
Le mot Fête, en patois Festo.
Le mot Maître, en patois Mestre.
Le mot Prêter, en patois Presta.
Le mot Tête, en patois Testo.
Le mot Vêpre, en patois Vespro.

Enfin, chacun comprendra qu'il en est de même de tous les mots équivalents, tels que :

Bâtir — de Bastir.
Bâton — de Bastoun.
Bâtard — de Bastard.
Pâte pour faire du pain — de Paste.

Or, pour avoir le secret de tous les mots qui prennent un accent circonflexe, il suffira d'ajouter à cette nomenclature que la première et la seconde personne plurielle du passé défini et du passé antérieur, ainsi que la troisième personne singulière de l'imparfait et du plus-que-parfait du subjonctif prennent l'accent circonflexe pour tous les verbes tels que : nous eûmes, vous eûtes, — qu'il eût, qu'il eût eu, nous eûmes eu, vous eûtes eu.

Formation du son *an*, *en*.

Les mots, en s'écrivant de plusieurs manières et se prononçant d'une seule, embarrassent souvent des hommes intelligents et exercés aux écritures; mais, par le procédé suivant, la difficulté disparaît pour tous les Méridionaux, attendu que la prononciation du patois précise de quelle manière on doit les écrire.

Ainsi, par exemple, les mots suivants écrits par *an* ou par *am*, étant écrits par *en* ou par *em*, non-seulement le son naturel serait interrompu, mais l'oreille des personnes habituées à ce langage, serait sensiblement choquée.

Enfin, tels sont les mots : Ample, Amplement, Ancêtre, Ancien, Anchois, Ancre, Bancal, Bande, Bandit, Banque, Banquet, Camp, Campagne, Cantonnier, Dangereux, Fange, Fanfaron, Fantôme, Gant, Lambin, Lampe, Lanterne, Manche, Mandat, Manger, Manteau, Pampe, Pantalon, Pantoufle, Quantité, Rampe.

Enfin, les personnes qui n'ont aucune notion des principes de leur langue doivent lire et copier la même phrase, et successivement celles qui suivent, jusqu'à ce qu'elles soient bien convaincues de tous les mots, de toutes les lettres et de tous les signes dont elles se composent.

Et ce mode de procéder, de concert avec ceux que nous avons indiqués, donnera simultanément les étymologies, l'identité des sons, la variation des verbes, la ponctuation et enfin l'instruction, sans être entravé par l'immensité des difficultés qui retiennent et découragent même souvent les gens les plus intelligents et les plus persévérants.

Inutile de dire que ces exemples ne doivent être tirés que des meilleurs auteurs.

LETTRE DE J.-J. ROUSSEAU.

Hier, Monsieur, je reçus par le canal du sieur Guy, libraire à Paris, votre lettre. Mes ennemis ont toujours parlé; mes amis, si j'en ai, se sont toujours tus. Les uns et les autres peuvent continuer de même. Je ne désire pas qu'on me loue, encore moins qu'on me justifie. J'approche d'un séjour où les injustices des hommes ne pénètrent pas. La seule chose que je désire en les quittant, est de les laisser très-heureux et en paix.

Adieu, Monsieur.

En résumé, ce moyen simple et facile de procéder, conduisant au but que tout le monde se propose, permet à chacun de l'interpréter, de s'instruire et d'instruire ses enfants.

FIN.

www.ingramcontent.com/pod-product-compliance
Lightning Source LLC
Chambersburg PA
CBHW052047270326
41931CB00012B/2667

* 9 7 8 2 0 1 9 5 5 6 6 1 7 *